Kykladen

Wer an die griechische Inselwelt denkt, sieht in Gedanken fast immer kykladische Motive vor sich. Weiße, würfelförmige Häuser stehen hoch über der blau und türkis schimmernden Ägäis. Idyllische Plätze und enge, verwinkelte Gassen werden von Hibiskus, Bougainvilleen, Oleander und Geranien gesäumt. Rote oder blaue Kirchenkuppeln ragen in einen wolkenlosen Himmel.
Und immer sind andere Inseln in Sicht. Im Wechselspiel des unvergleichlichen ägäischen Lichts liegen sie mal zum Greifen nah und scheinen dann wieder zwischen Himmel und Wasser zu schweben.

25 bewohnte Inseln bilden den Kykladen-Archipel. Sie alle sind schon seit über 5000 Jahren besiedelt. Tempel und Bergwerke, Burgen und Klöster zeugen von einer wechselvollen Geschichte. Manche Eilande tragen nur einen einzigen Ort. Andere sind kleine, in sich abgeschlossene Welten mit Küstenstädtchen und Bergdörfern, fruchtbaren Ebenen, langen Sandstränden und versteckten Kieselsteinbuchten oder schroff aufragenden Felsen und Steilküsten.
Jede Insel hat ihren eigenen Charakter; jede Rundfahrt wird zur Entdeckungsreise. Náxos, die größte der Kykladen, ist 428 Quadratkilometer groß – und damit noch um die Hälfte kleiner als das Bundesland Berlin. Die Museumsinsel Delos, winzigstes Eiland im Archipel, umfaßt gerade mal 3,6 Quadratkilometer. Auf Donoússa leben nur noch 112 Menschen, auf Síros, der bevölkerungsreichsten Kykladeninsel, immerhin fast 20 000.

Der Tourismus ist auf allen Kykladen eine bedeutende Wirtschaftskraft. Mancher Inselzwerg wäre ohne den sommerlichen Besucherstrom heute vielleicht schon unbewohnt. Aber nirgendwo hat der Fremdenverkehr eine solch verheerende Wirkung für Landschaft und Umwelt wie andernorts, etwa an der Nordküste Kretas, manchen Küsten Mallorcas und der Kanarischen Inseln. Die Hotelarchitektur paßt sich fast überall der Umgebung und den traditionellen Formen an.
Das Gros der Fremdenbetten stellen Insulaner in kleinen Privatpensionen und familiären Hotels zur Verfügung. Und in den Tavernen wird ganz überwiegend echt griechisch gekocht – Eisbein und Sauerkraut haben auf den Kykladen noch keinen Einzug gehalten.

Land und Leute im Porträt – ein griechisch-orthodoxer Priester auf Sifnos.

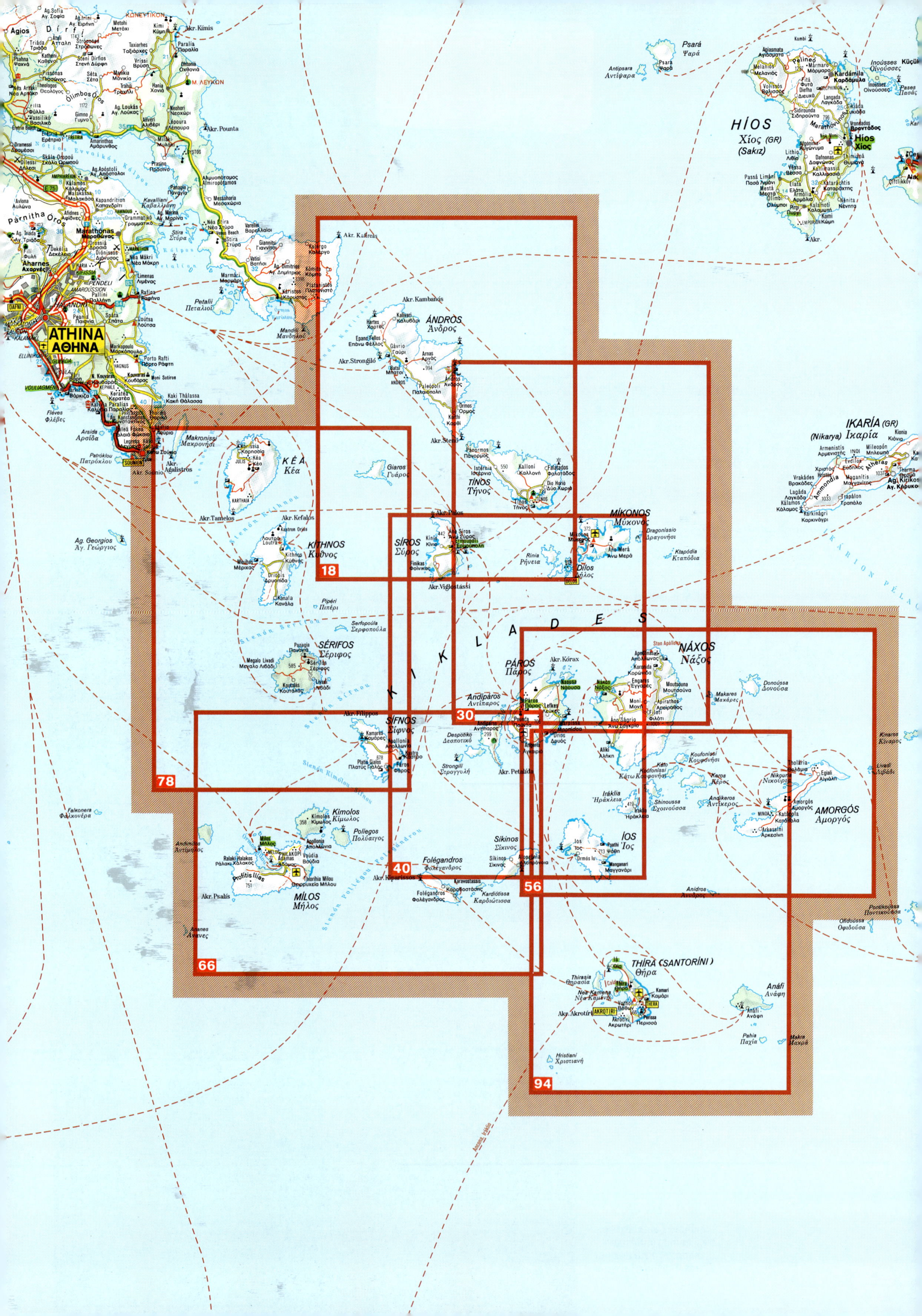

ATHINA
ΑΘΗΝΑ
HÍOS
Χίος (GR)
(Sakız)
Psará
Ψαρά
Antipsara
Αντίψαρα
IKARÍA (GR)
(Nikarya) Ικαρία
ÁNDROS
Άνδρος
KÉA
Κέα
Makronissi
Μακρόνησι
Giaros
Γυάρος
TÍNOS
Τήνος
MÍKONOS
Μύκονος
KÍTHNOS
Κύθνος
SÍROS
Σύρος
Rinia
Ρήνεια
Dílos
Δήλος
SÉRIFOS
Σέριφος
K I K L A D E S
PÁROS
Πάρος
NÁXOS
Νάξος
Andíparos
Αντίπαρος
SÍFNOS
Σίφνος
Donoússa
Δονούσα
Kimolos
Κίμωλος
Poliegos
Πολύαιγος
Folégandros
Φολέγανδρος
Síkinos
Σίκινος
ÍOS
Ιος
Iráklia
Ηράκλεια
AMORGÓS
Αμοργός
MÍLOS
Μήλος
Falkonera
Φαλκονέρα
Ag. Georgios
Αγ. Γεώργιος
THÍRA (SANTORÍNI)
Θήρα
Anáfi
Ανάφη
Hristiani
Χριστιανή
18
30
40
56
66
78
94

Inhalt

Im Zentrum des Kástro-Viertels von Parikiá auf Páros steht die Kirche Ágios Konstantínos.

Maßstab 1: 1 100 000 0 10 20 30 40 km

In dem Dorf Steniés auf der überraschend grünen Insel Ándros stehen stattliche Seemannshäuser.

Wohlstandsinseln im Norden des Archipels

Die drei nördlichen Kykladen Ándros, Síros und Tínos sind weniger vom Fremdenverkehr abhängig als die übrigen Inseln des Archipels. Von Ándros stammen viele große Reeder, die den Insulanern Arbeit auf ihren Schiffen geben. Síros bietet als Verwaltungssitz der Kykladen Erwerbsmöglichkeiten vor allem in Behörden, Kanzleien und Büros, aber auch in kleinen Textilfabriken und Nahrungsmittelmanufakturen. Tínos ist als heilige Insel Griechenlands ein bedeutendes Pilgerziel.

△ Mit dem Kirchlein in der Bucht von Ándros-Stadt zeigen sich die Kykladen gleich von einer besonders malerischen Seite

△ Brunnenhäuschen an Ándros' Platía Kaíris

Prachtgrab eines Reeders auf dem Friedhof von Ándros ▽

An der Platía Kaíris lädt nicht nur der Mokka zum Verweilen ein ▽

△ Ándros-Stadt im Überblick

Inmitten einer grünen Oase liegt das Dorf Messariá mit seiner Erzengelkirche ▽

Die gleichnamige Hauptstadt von Ándros liegt hafenlos und weltabgewandt an der Ostküste der Insel. Vom Tourismus will man hier nur wenig wissen; Fremdenbetten sind knapp. In Ándros sind viele der reichsten Reeder Griechenlands zu Hause. Sie wohnen zwar längst in Athen, London oder New York, kehren aber jeden Sommer für ein paar Wochen in ihre alte Heimat zurück. Und unterstützen sie mit allen Mitteln – unter der Bedingung, daß sie ihren alten Charakter bewahrt.

Große Villen inmitten üppiger Gärten zeugen in der Stadt und ihren Nachbardörfern, etwa in Steniés und Messariá, vom Wohlstand der Seeleute, die auf andriotischen Schiffen Arbeit finden. Die marmorgepflasterte, autofreie Hauptstraße in Ándros verdankt der Ort ebenso der Spendierfreudigkeit der Reeder wie das 1981 eingeweihte Archäologische Museum und das Museum moderner griechischer Kunst.

Ándros ist aber auch eine Insel der Bauern. Im Norden, im Tal von Ágios Pétros, wird viel Getreide angebaut. Hier findet man eigenartige Dreschplätze, die in Griechenland nicht ihresgleichen haben. Die kreisrunden Tennen sind zur Hälfte von einer brusthohen Mauer umgeben, in die zwei übereinanderliegende Reihen rechteckiger Öffnungen eingelassen sind. Sie können nach Bedarf mit Zweigen verschlossen werden, so daß ein Dreschen des Getreides selbst bei starken Winden möglich ist.

Im Zentrum der Insel gedeihen Weintrauben und Pfirsiche, Äpfel und Nüsse, Oliven, Aprikosen, Maulbeeren und Kastanien. Das lange Tal, an dessen Ende die Stadt Ándros liegt, ist ebenfalls grün. Zwischen himmelstrebenden Pappeln und Zypressen tragen hier jahrhundertealte, knorrige Ölbäume ihre dem Winter entgegenreifenden Früchte.

Seine ganze Schönheit offenbart Ándros erst dem Wanderer. Zu den interessantesten Zielen gehören die Inselklöster. Mönche und Nonnen empfangen Besucher mit

△ Moni tis Panachrándou ist die größte Klosteranlage auf Ándros

Strandleben in Batsí ▽

△ Der letzte Mönch des Panachrándou-Klosters

△ Ándros' Hafenort Gávrion

△ Begegnung in Wourkoti

Hellenistischer Wachtturm am Ortsrand von Ágios Pétros ▽

traditioneller Gastfreundschaft, bieten ein Glas Wasser, einen Ouzo, Früchte oder Süßigkeiten an.
Lohnend ist auch der Weg zu den 2800 Jahre alten Ruinen von Zagorá, der ältesten, aus geometrischer Zeit stammenden Inselsiedlung. Dort ist der Besucher mit sich und dem Blick auf die Ägäis allein.

Ándros ist die nördlichste und nach Náxos zweitgrößte Insel der Kykladen, Síros die Hauptinsel des Archipels. Hier lebt fast ein Viertel aller Kykladenbewohner; hier hat die Bezirksregierung der Inselgruppe ihren Sitz. Der Hafen- und Hauptort Ermoúpoli ist die einzige wirkliche Stadt auf den Inseln – und eine der schönsten ganz Griechenlands.
Schon beim Einlaufen des Schiffes in den Hafen fasziniert der Anblick der überwiegend weißen Häuser, die sich am Wasser entlang- und die Hänge zweier Hügel emporziehen. Anders als die Kleinstädte auf dem Festland wird Ermoúpoli nicht vom Verkehr erdrückt: Die vielen engen Gassen mit ihren zahlreichen Stufen lassen den Ort weitgehend autofrei.

Die Grundlagen für die Bedeutung von Síros reichen bis zum Beginn des 19. Jahrhunderts zurück. Griechenland war damals Teil des Osmanischen Reichs, Síros Sammelpunkt der römisch-katholischen Christen der Kykladen, die unter dem besonderen Schutz Frankreichs standen. Als sich 1821 die Griechen zum Freiheitskampf gegen die Türken erhoben, blieb Síros neutral. Die Insel wurde zum Zufluchtsort für viele orthodoxe Griechen, deren Heimatinseln von den Türken verwüstet worden waren.
Viele Flüchtlinge waren erfahrene Kaufleute und wohlhabende Schiffsbesitzer, die ihre Handelswaren und Frachtkaïkis hatten retten können. Noch während des Krieges vollbrachten sie im Schutz der Neutralität auf Síros ein wahres Wirtschaftswunder. Und sie erbauten eine große Stadt, die sie nach Hermes, dem antiken Gott der Kaufleute und Händler, benannten: Ermoúpoli.

△ Rund um die Uhr reizvoll: Ermoúpoli auf Síros . . .

. . . – hier die Altstadt Áno Síros ▽

Eine süße Spezialität von Síros: Loukoúmia ▽

Im Kloster Agía Várvara kann man Handarbeiten von Waisenkindern kaufen ▽

Wenn die Fähre in Ermoúpoli anlegt, schlägt die Stunde der Loukoúmia-Verkäufer ▽

Das klassizistische Rathaus von Ermoúpoli verrät noch etwas vom einstigen Wohlstand auf Síros ▽

Als Griechenland 1828 unabhängig wurde, war Ermoúpoli der geschäftigste Hafen des Landes und auch sonst eine Boomtown. 1828 entstand hier das erste Mädchengymnasium Griechenlands; 1831 erschien eine erste Tageszeitung. 1855 lief in der Stadt das erste griechische Dampfschiff vom Stapel; 1874 wurde Griechenlands erste Gewerkschaft gegründet.
Die Glanzzeiten der großen Werft sind allerdings vorbei – die allgemeine Schiffbaukrise hat auch hier ihre Spuren hinterlassen. Vielleicht sind die Docks bald nur noch ein Industriedenkmal.

Mit der Fertigstellung des Kanals von Korinth im Jahr 1893 begann der Aufstieg von Piräus vor den Toren Athens und damit der Niedergang von Síros. Aber auch heute noch prägen Spuren des einstigen Wohlstands das Stadtbild von Ermoúpoli. Die ganze Nordseite der großen Platía, des Hauptplatzes der Stadt, säumt die Fassade des 1881 fertiggestellten Rathauses, das in vielem an den Athener Königspalast erinnert. Gleich daneben steht das ebenfalls klassizistische Gebäude des ›Clubs von Griechenland‹, in dem sich einst die Honoratioren der Stadt trafen; heute dient es als Kulturzentrum und Bibliothek. Nur 100 Meter sind es von dort zum Apollon-Theater, das 1862 mit einer Aufführung von Giuseppe Verdis Oper ›La Traviata‹ feierlich eingeweiht wurde.
Auch an den stufenreichen Gassen, die die beiden Hügel hinter dem Stadtzentrum hinaufführen, wird Inselgeschichte greifbar. Der südliche trägt das mittelalterliche Áno Síros mit seinen katholischen Kirchen und Klöstern, der andere das von der Himmelfahrtskirche überragte Viertel der vor über 160 Jahren zugewanderten orthodoxen Griechen.

Ein Zentrum der griechischen Orthodoxie ist Tínos. An jedem Sommerwochenende ist auf der ›heiligen Insel‹ die Hölle los, und selbst im Winter herrscht reges Treiben: Tínos ist das griechische Lourdes, das bedeutendste Wallfahrtsziel in der Ägäis.

△ Typisch für Tinos sind die kunstvoll geschmückten Taubenhäuser – hier bei Triantáros

△ Tummelplatz Tinos-Stadt: Pilger vor der Wallfahrtskirche, . . .

△ Marienikone in der Wallfahrtskirche

. . . Einkaufsgasse mit Pilgerkerzen und anderen Devotionalien ▽

△ Die Wallfahrtskirche von Tinos ist ein Zentrum griechisch-orthodoxer Religiosität

Hafenfront von Tinos-Stadt ▽

Pilger rutschen auf Knien über die breite Wallfahrtsstraße vom Hafen bis zur über 500 Meter entfernten Marienkirche hinauf. Überall werden lange Kerzen und winzig kleine Wasserbehältnisse zum Kauf angeboten. Am Eingang zur Wallfahrtskirche wickeln Helfer für die Gläubigen die Kerzen aus dem Papier; die Pilger entzünden die Lichter in einer kleinen Kapelle gleich am Eingang zum heiligen Bezirk. Schon wenige Sekunden später werden die Kerzen von anderen Helfern wieder gelöscht, um Platz für die folgenden zu schaffen.

In zwei kleinen, höhlenartigen Kapellen herrscht an jedem Sonntag Hochbetrieb, wenn Eltern aus ganz Griechenland mit ihren Säuglingen anreisen, um sie an diesem heiligen Ort taufen zu lassen. Die Paten haben ihre Geschenke mitgebracht; Familienangehörige bannen das Ereignis auf Video. Gleich nebenan zapft jeder Pilger ein wenig vom heiligen Wasser, das aus einer Quelle in einer dritten Höhlenkapelle fließt.

Das so zahlreich besuchte Ziel auf Tínos ist eine wundertätige Marienikone, die jeder Pilger küssen will. Die Nonne Pelagía fand sie 1823, in den Anfangsjahren des griechischen Freiheitskrieges gegen die Türken. Die Gottesmutter war ihr immer wieder im Schlaf erschienen und hatte sie auf den Ort aufmerksam gemacht, wo das nach orthodoxem Glauben vom Evangelisten Lukas gemalte Tafelbild seit etwa 1000 Jahren in einer Grotte verborgen lag.

Die Auffindung der Ikone galt den Griechen als Versprechen des Himmels, daß sie den Kampf gegen die christenfeindlichen Besetzer gewinnen würden. Noch während des Krieges begann man, unterstützt durch Spenden aus der gesamten griechischen Welt, mit dem Bau der prächtigen Marienkirche. Sie birgt die Ikone noch heute.

Ikonen findet man in jeder orthodoxen Kirche. Ebenso wie die Wandmalereien spielen sie dort eine ganz andere Rolle als Sakralbilder in westlichen Gotteshäusern. Sie sind kein Schmuck und auch

△ Bei Kiónia liegen die Reste eines antiken Poseidon-Heiligtums

△ Pirgos: Bildhauerwerkstatt und . . . . . . Lokal am schönen Dorfplatz ▽

Der Exóbourgo ist zwar nicht der höchste, aber dafür der interessanteste Berg auf Tinos ▽

△ Verehrung der Ikone Agiás Pelagías im Kloster Kechrovoúni

Marmorgepflastert: Gasse in Kardianí ▽

kein lehrreiches Bilderbuch für Analphabeten. In ihnen sind die dargestellten Heiligen gegenwärtig. Ein orthodoxer Christ küßt, wenn er die Ikone küßt, nicht das Bild, sondern den Abgebildeten.
Die Bilder schaffen ebenso wie die Liturgie eine mystische Gemeinschaft zwischen Lebenden und Verstorbenen, Irdischen und Heiligen. Die Kirchen sind eine Art Botschaftsgebäude des Himmels auf Erden. In ihnen verschmelzen Vergangenheit, Gegenwart und Zukunft miteinander, werden irdische Zeit- und Raumvorstellungen unbedeutend. Wer die Kirche betritt, verläßt unsere Welt und tritt ein in eine andere Welt, die es weder zu erklären noch zu verstehen gilt, die einfach nur ganz selbstverständlich da ist.

Ein orthodoxer Christ glaubt nicht an Gott – er weiß, daß es ihn gibt. Weil jene andere Welt auch seine Welt ist, sind orthodoxe Kirchen keine Orte andachtsvoller Stille, Zeremonien wie Taufe und Hochzeit keine Handlungen würdevoller Feierlichkeit in unserem Sinne. Orthodoxe Kirchen leben.
Auf Tínos wird das besonders an den großen Wallfahrtstagen deutlich. Dann herrscht in der Kirche ein Betrieb wie auf dem Jahrmarkt, und Tausende von Pilgern picknikken und nächtigen auf dem großen Kirchplatz.

Viel älter als die Marienkirche sind die Taubenhäuser auf Tínos. Sie stehen zu Hunderten auf den Feldern und am Rand der Dörfer. Die Außenwände der Taubenhäuser sind kunstvoll mit geometrischen Mustern wie Kreisen, Rauten und Dreiecken aus dünnen Schiefer- und Marmorplättchen verziert. Sie erinnern an den Schmuck der Berberburgen im Süden Marokkos, doch der Ursprung dieses Dekors liegt im dunkeln.
Die Funktion der Taubenhäuser ist bekannt: Man nutzte den Taubenmist als Dünger und schätzte Täubchen als leckere Spezialität. Heute kümmert sich kaum mehr jemand um die vielen Tauben der Insel. Nur noch in der Taverne ›I Skiá‹ im Bergdorf Ktikádos werden sie auf Vorbestellung serviert.

N. ÁNDROS
Ν. ΑΝΔΡΟΣ
N. TÍNOS
Ν. ΤΗΝΟΣ
N. SÍROS
Ν. ΣΥΡΟΣ
N. Giáros
Ν. Γυάρος
N. Rínia
Ν. Ρήνεια
N. Mandiloú
Ν. Μανδηλού
Rafina
Tinos
Tinos, Siros, Paros
Mikonos
Paros
ANDROS
Άνδρος
Gavrion
Γαύριο
Batsi
Μπατσί
Paleópolis
Παλαιόπολις
Kórthion
Κόρθιο
Steniés
Στενιές
Messariá
Μεσαριά
Panachrandou
Agiás
Ágios Nikólaos
ZAGORÁ
Γαυρονήσια
Ακρ. Στενό
Στενό Τήνου
TÍNOS
Τήνος
Pánormos (Pirgos)
Πάνορμος
Ístérnia
Ιστέρνια
Kardianí
Καρδιανή
EXOBOURGO
Kechrovouni
Poseidon heiligtum
Girlas
Ágios Ioánnis
Loutrá
Ξινάρα
ERMOÚPOLI
Ερμούπολη
Áno Síros
Άνω Σύρος
Kastrí
XALANDRIANI
Agia Varvara
Galissás
Γαλησσάς
Finikas
Φοίνικας
Posidonia
Ποσειδωνία
Vári
Βάρη
Manna
Μάννα
Ν. Διδυμ
Ν. Αβπρο
Όρμος Κίνιου
Kambanós
Kalivári
Καρυβάρι
Varídio
Βαρίδιο
Makrotántalo
Μακροτάνταλο
Amólohos
Αμόλοχος
Vitálio
Βιτάλιο
Epáno Fellós
Επάνω Φελλός
Κάτω Φελλός
Anó Gavrio
Άνω Γαύριο
Στρογγυλό
Kátákilos
Κατάκοιλος
Arnás
Άρνάς
Ano Aprovato
Άνω Απρόβατο
Pitrofós
Πιτροφός
Wourkoti
Βουρκωτή
Apikia
Απoίκια
Lámira
Λάμυρα
Sinéti
Σινέτι
Kohílos
Κόχυλος
Paleókastro
Παλαιόκαστρο
Ormos
Όρμος
Kapariá
Καππαριά
Amigdaléa
Αμυγδαλέα
Spiliá
Komito
Κόμιτο
78
40
30

Wo gibt es was?

Fähnchennummer = Textnummer

Ándros ①

Die nördlichste, zweitgrößte und ungewöhnlich grüne Kykladeninsel (380 km^2, 8700 Ew.) öffnet sich dem Fremden nur an der Westküste. Hier liegt der Hafenort *Gávrion*; hier stehen zwischen Gávrion und *Batsí* die Urlaubshotels.
In der hafenlosen Inselmetropole *Ándros-Stadt* an der Ostküste findet man kaum Unterkünfte, obwohl es zu beiden Seiten der auf eine felsige Halbinsel hinausgebauten Altstadt gute Sandstrände gibt. Die marmorgepflasterte Haupteinkaufsgasse führt vom oberen Stadtrand zur zentralen Platía mit schönem türkischen Brunnen. Hier beginnt am mittelalterlichen Stadttor eine andere Gasse; sie führt über die Kammlinie des Altstadtfelsens bis zu dessen Spitze, vor der auf einem Inselchen die Ruine einer venezianischen Festung (1207) steht. Sehenswert ist auch der Friedhof am oberen Ortsrand mit monumentalen Grabbauten für reiche andriotische Reeder. Im modernen Archäologischen Museum an der Platía ist eine Hermes-Statue (1./2. Jh.) zu sehen, die als römische Kopie eines Meisterwerks des klassischen griechischen Bildhauers Praxíteles gilt. Im benachbarten Museum für Moderne Kunst (di geschlossen) werden neben Wechselausstellungen vor allem Skulpturen des andriotischen Bildhauers Michális Tómbros (1889–1974) gezeigt.
Von Ándros-Stadt lohnen Ausflüge ins Heilbad *Apíkia,* zum noch von fünf Mönchen bewohnten *Kloster Ágios Nikólaos* (18. Jh.) und in das blumenreiche Dorf *Steniés*. Das größte Kloster der Insel, *Moní tis Panachrándou* (10. Jh.), bot früher 400 Mönchen Platz, wird heute aber nur noch von einem – sehr gastfreundlichen – Mönch bewohnt. In der Kirche hängt eine Marienikone, die der Evangelist Lukas gemalt haben soll.
Die Ausgrabungsstätte *Zagorá* ist von der Hauptstraße Batsí–Kórthion aus in etwa 30 Min. zu Fuß zu erreichen. Weit über einen Hang an der Westküste verstreut, sind noch viele frei zugängliche Grundmauern einer Siedlung aus dem 9./8. Jh. v. Chr. zu erkennen. Zwischen Batsí und Gávrion zweigt eine Stichstraße ab zum noch von drei Nonnen bewohnten *Kloster Agiás* (14. Jh.; klingeln, wenn Pforte verschlossen). Von Gávrion aus lohnt ein Besuch des hellenistischen Wachtturms (2. Jh. v. Chr.) am unteren Ortsrand von *Ágios Pétros*. Überall auf der Insel beeindrucken die Felder und Weiden unterteilenden Trockenmauern aus Bruchsteinen, in die große Schieferplatten eingefügt sind.
Kulinarische Spezialität der Insel ist Froútalia, eine Art Bauernfrühstück mit hausgemachter Wurst und in Butter gebratenen Kartoffeln.

Tínos ②

Tínos (104 km^2, 7500 Ew.) ist für die Griechen vor allem ein Pilgerziel. In der Haupt- und Hafenstadt *Tínos-Stadt* steht am oberen Ende der breiten Wallfahrtsstraße die bedeutendste Marienkirche des Landes, von zahlreichen kostbaren Votivgaben geschmückt. Im Untergeschoß besucht man außer drei Kapellen auch eine kleine nationale Gedenkstätte. Sie erinnert an die Opfer des 1940 von einem italienischen Torpedo versenkten griechischen Kreuzers ›Elli‹ auf der Reede von Tínos.
Umgeben ist die Kirche mit ihrem marmorgepflasterten Vorplatz von Pilgerherbergen und Museen. In ihnen werden zahlreiche Geschenke von Gläubigen sowie Gemälde und Skulpturen tiniotischer Bildhauer der Neuzeit gezeigt. Pilger kommen das ganze Jahr über nach Tínos. Besonders groß ist der Ansturm an den Tagen Mariä Empfängnis (25. März) und Mariä Entschlafung (15. Aug.) sowie an allen Sommerwochenenden.
An der Wallfahrtsstraße steht das Archäologische Museum mit mehreren gut erhaltenen, mannshohen Grabgefäßen, die Vasen ähneln und mit schönen Reliefs verziert sind (8. Jh.). Interessant ist ein Bummel durch die parallel verlaufende Gasse Odós Evangelístrias, an der sich zahlreiche Devotionalienhändler niedergelassen haben. Am Weg zum Strand von *Kiónia* liegt 2 km außerhalb der Stadt das Ausgrabungsgelände eines Poseidon-Heiligtums, in der Antike Pilgerziel heilungsuchender Kranker.
Vom Hafen fahren in dichtem Abstand Linienbusse zum *Kloster Kechrovoúni,* das mit seinem verwinkelten Innenhof und den Zellen für mehr als 80 Nonnen wie die Miniaturausgabe eines typischen Kykladendorfs wirkt. Die Pilger besuchen dieses Kloster, weil hier die Nonne Pelagía lebte; ihr widerfuhr 1823 die Marienerscheinung, die zur Entdeckung der wundertätigen Ikone und zum Bau der Wallfahrtskirche in der Stadt führte.
Im Hintergrund ragt der Felskegel des 540 m hohen *Exóbourgo* empor. Auf ihm lag in venezianischer Zeit (1207–1715) die Inselhauptstadt. Am Gipfel sind noch Mauerreste der mittelalterlichen Burg erhalten. Wandert man von hier nach Tínos-Stadt zurück, geht man streckenweise auf dem Marmorpflaster der venezianischen Heerstraße.
Besonders viele der für Tínos typischen Taubentürme stehen in der Umgebung des Dorfes *Kámbos,* von dem aus eine schöne Wanderung ins sehr ursprünglich gebliebene Bergdorf *Ktikádos* und weiter zum Strand von Kiónia oder in die Stadt hinunter führt (2–3 Std.). Im Bergdorf *Wólax* widmen sich vier alte Männer noch immer der traditionellen Korbflechterei. Im Westen der Insel wird Marmor abgebaut. In vielen Dörfern, insbesondere in *Kardianí* und *Pírgos,* sind die Dorfgassen und -plätze damit gepflastert. Pírgos ist die Heimat vieler tiniotischer Bildhauer; Werke des bekanntesten von ihnen, Geórgios Chalépas, sind in einem kleinen Museum am Dorfrand ausgestellt. Der Dorfplatz von Pírgos gilt mit seinen alten Platanen und einem Brunnen von 1788 als einer der schönsten der Kykladen.
Im Hafenort von Pírgos, *Órmos Panórmou,* findet man einen schönen, schattigen Sandstrand; andere gute Strände liegen in der Nähe der Inselhauptstadt.

Síros ③

Auf der Hauptinsel der Kykladen (84 km^2, 20 000 Ew.) lohnt vor allem die Stadt *Ermoúpoli* mit verschiedenen klassizistischen Bauten einen Besuch. Im Rathaus an der Platía ist das kleine Archäologische Museum mit einer Sammlung schöner Kykladen-Idole untergebracht (Eintritt frei); daneben der ›Club von Griechenland‹ (heute Stadtbibliothek). Von hier verläuft eine Straße aufwärts zum Apollon-Theater. Die neben dem Telefonamt OTE beginnende Gasse Odós Geórg. Sourí führt zur kleinen Platía Tsiropína mit dem Gebäude der Bezirksverwaltung.
Ältester Teil von Ermoúpoli ist das Stadtviertel Áno Síros. Wer den steilen Hügel nicht ersteigen will, kann mit dem Linienbus hinauffahren und dann zum Hafen hinunterlaufen. Auf dem höchsten Punkt der mittelalterlichen Siedlung steht die röm.-kath. Bischofskirche des hl. Georg (1834). Unterhalb des Gipfels sind ein Kapuziner- und ein Jesuitenkloster erhalten, 1633 bzw. 1747 gegründet. Einen Blick lohnen schließlich die kleinen Bäkkereien, in denen die süßen Inselspezialitäten Loukoúmia (eine Art Geleefrüchte in Puderzucker) und Halvadópitta (eine Art Halva) hergestellt werden.
Schöne Villen aus dem letzten Jahrhundert stehen inmitten großer Gärten im südlichen Küstenort *Possidonía*. Die schönste Strandbucht findet man in *Galissás* an der Westküste, das zugleich auch das touristische Zentrum der Insel ist. Überall in dieser Region fallen die Gewächshäuser auf, in denen Frühgemüse für den Export nach Athen und ins Ausland gezogen wird. Unscheinbar und nur schwer zugänglich sind die Ausgrabungen einer prähistorischen Siedlung auf dem *Kastrí*-Hügel im Nordwesten der Insel. Im Nonnen-*Kloster Agía Várvara* an der Straße von Ermoúpoli nach Kíni kann man Handarbeiten kaufen; sie werden von Waisenkindern hergestellt, die im Kloster leben und lernen.

Maßstab 1:300 000 — 0 2 4 6 8 10 km

Seit sich Anfang der 1950er Jahre ein Fischer eines erschöpften Pelikans annahm, sind diese Vögel die Maskottchen von Mykonos – hier ein Exemplar am Hafen der Inselmetropole.

Antike Götter und neuzeitliche Götzen

Auf Mykonos dienen jedes Jahr Zigtausende Urlauber den Feriengötzen Sonne, Meer und Dolce vita. Die Inselhauptstadt ist trotzdem intakt geblieben und immer noch ein Musterbeispiel eines traditionellen Kykladendorfs. Ganz anders und doch ebenfalls massenhaft besucht ist das benachbarte Delos. Es war im Altertum eine heilige Insel, denn Apoll und Artemis erblickten hier das Licht der Welt. Archäologen legten ihre Heiligtümer frei und gruben die Überreste der antiken Stadt aus.

△ Mykonos-Stadt besitzt noch . . .

. . . ein wohlerhaltenes altes Ortsbild ▽

Oktopus ist auch auf den Speisekarten von Mykonos zu finden ▽

△ In Mykonos-Stadt sind die Windmühlen besser gepflegt als auf anderen Kykladen

Seinen Namen ›Klein-Venedig‹ verdankt Mykonos' Stadtviertel Alefkándra der ufernahen Bebauung ▽

Mykonos-Stadt ist ein weißes Bilderbuchdorf. Rote und blaue Farbtupfer bilden die Kuppeln und Tonnengewölbe der vielen Kirchen und Kapellen. Farbig sind auch die Türen, Fensterrahmen und -läden, Balkon- und Treppengeländer. Weiß wiederum sind die Fugen im Straßenpflaster markiert. Einst kalkte man sie immer in der Woche vor Palmsonntag nach. Man wollte damit zeigen, daß die Stadt bereit sei für die Ankunft Jesu, der am Palmsonntag Einzug in Jerusalem hielt.
Die Gassen zwischen den meist würfelförmigen Flachdachhäusern sind eng und gewunden, öffnen sich aber immer wieder auf kleine, idyllische Plätze. Autos haben in ihnen keinen Platz. Esel, Maultiere und knatternde Mopeds sind die einzigen Transportmittel. Häufig führen Treppen direkt von den Gassen ins Obergeschoß der Häuser – so sparte man Platz auf den ohnehin knapp bemessenen Grundstücksflächen.

Im Stadtviertel ›Klein-Venedig‹ stehen die Häuser unmittelbar am Meer. Balkone und hölzerne Erker ragen übers Wasser; Türen und Fenster auf der Seeseite machten es möglich, Waren unmittelbar von Booten in die Häuser umzuladen. Das war in all den Jahrhunderten von Vorteil, in denen viele Mykonioten von Schmuggel und Seeräuberei lebten.
Sitzt man auf dem kleinen Platz neben diesen Häusern direkt am Meer, sieht man hoch über dem anderen Ufer einige der inseltypischen Windmühlen. Sie waren eine weitere bedeutende Einnahmequelle der Einheimischen. In ihnen wurde jahrhundertelang das Korn gemahlen, das auswärtige Schiffe als Bordvorrat mitbrachten. Heute werden die Mühlen zunehmend als originelle, aber auch ausgesprochen teure Ferienhäuser genutzt.

Geld spielt auf Mykonos ohnehin eine untergeordnete Rolle. Die Insel gilt als das St. Tropez oder Ibiza der Ägäis, als Treffpunkt des internationalen Jet-sets. Im Sommer bieten bekannte Athener Designer

△ Mykonos-Stadt: In-Treff der Jugend, . . .

. . . Bäckerin mit österlicher Spezialität ▽

Auf dem Vorplatz von Áno Méras Tourlianís-Kloster ▽

Bei der Karfreitagsprozession in Mykonos-Stadt ▽

△ Kirche des Klosters Panagía tis Tourlianís in Áno Méra

Hausaufgänge in Mykonos-Stadt ▽

und Juweliere in schrillen Boutiquen und gut gesicherten Schmuckgeschäften ihre Werke an. Zahlreiche ausländische Künstler und Kunsthandwerker nutzen Galerien und Läden als Forum für ihre manchmal sogar guten Schöpfungen. Kürschner verkaufen in der Hitze teure Pelze; ein Teppichhändler verschickt seine exklusiven Bodenbeläge in alle Welt.
Die Bars überbieten sich in der Länge ihrer Cocktailkarte. Auf den kleinen Altstadtplätzen werden bis spät in die Nacht hinein Ouzo- und Champagnerparties gefeiert. Fast immer liegen elegante Kreuzfahrtschiffe und mondäne Yachten im Hafen und auf Reede.

Erlaubt ist auf Mykonos, was gefällt. Die Schrifttafeln aus der Zeit der Militärherrschaft zwischen 1967 und 1974, auf denen vollständige Badebekleidung an den Stränden gefordert wurde, lagen schon vor 15 Jahren unbeachtet rostend auf den Abfallhalden.
Ein bedeutender Grund für Mykonos' touristischen Erfolg war die Liberalität der Insulaner. Man ist ihr auf der Spur, wenn man am Anleger beim Familienstrand von Platís Jalós ins offene Badeboot steigt und damit an den Stränden der Südküste entlangfährt. ›Topless‹ ist man überall, doch schon am Paradise Beach sind die FKK-Fans in der Überzahl. Am Super Paradise Beach zeigt sich nahezu jeder wie Adam und Eva im Paradies.

Liberal geht es auch in den Bars der Insel zu. Besonders plüschig sind die eingerichtet, in denen man(n) sich gegen Abend trifft, um Händchen haltend zu Musik die Sonne im Meer versinken und den Stern von Mykonos aufgehen zu sehen. Geschlechtszugehörigkeit spielt hier in Liebesfragen keine Rolle.
Bei alledem wahrt Mykonos sein hohes Niveau. Im Sommer organisiert die Stadtverwaltung Konzerte auf Straßen, Plätzen und an Stränden. Im Freilichttheater finden Ballett- und Theater-Workshops statt. Und statt abgedroschener Miss-Wahlen wird auf Mykonos das schönste Paar gekürt.

△ Mykonos-Stadt: Kirche Panagia Paraportiani, . . .

. . . Amphore im Archäologischen Museum ▽

△ Impressionen eines Inselstreifzugs auf Mykonos: Schafherde, . . .

△ ... Blumenwiese, ...

... Küste bei Platis Jalós ▽

Charakterkopf: Pope ▽

Mit kleinen Ausflugsbooten gelangt man von Mykonos in 25 Minuten hinüber zur einst heiligen Insel Delos. Das karge, fast baumlose Eiland stieg um 700 v. Chr. zum Kultzentrum der ionischen Inselgriechen auf. Wahrscheinlich wählten diese gerade das unscheinbare und wirtschaftlich unbedeutende Delos, weil jede andere Wahl einen der um Vorherrschaft in der Ägäis bemühten Inselstaaten bevorzugt hätte.
So spiegelt sich auch später der Kampf Athens um die Vorherrschaft im Inselmeer der Griechen auf Delos besonders deutlich wider. Zunächst stifteten die Athener das Fest der Delia mit sportlichen und musischen Wettkämpfen, um auf der Insel präsent zu sein. Dann ließ der Athener Tyrann Peisistratos im 6. Jahrhundert alle alten Kultgräber aus dem Heiligen Bezirk von Delos verbannen. Nach den im Jahr 479 beendeten Perserkriegen bestimmten die Athener Delos zum Verwahrungsort der Bundeskasse des Ersten Attisch-Delischen Seebundes, dem beizutreten sie alle Inseln zwangen. Und im Jahr 426 erließen die Athener sogar ein Gesetz, das es verbot, auf Delos Kinder zu gebären oder Tote zu bestatten. Das benachbarte Rínia wurde zur Friedhofsinsel von Delos.

Die Geschichte von Delos läßt sich freilich nicht allein unter wirtschafts- und machtpolitischen Aspekten erklären. In der Antike spielte immer auch die Mythologie eine bedeutende Rolle. So war Delos den antiken Griechen ein durch die Geburt zweier Götter geheiligter Ort: Göttervater Zeus hatte dem Sternenmädchen Asteria vergeblich nachgestellt. Diese hatte sich, um vor ihm sicher zu sein, in eine Insel verwandelt, die ruhelos durch die Ägäis trieb. Zeus tröstete sich derweil mit Leto, die bald darauf mit Zwillingen schwanger ging. Als Zeus' Gattin Hera davon erfuhr, verbot sie aller Welt, Leto eine Lagerstatt für die Geburt zu gewähren. Nur Asteria erbarmte sich ihrer und ließ Leto unter einer Palme Apoll und Artemis gebären, die später als Gott des Lichts und der schönen Musen sowie als Göttin

△ Delos: Panoramablick vom Berg Kinthos

Isis-Tempel ▽

Kleopatra nebst Gatte ▽

Löwenterrasse ▽

△ Das Theater bot einst 5500 Zuschauern Platz

Haus der Delphine ▽

der Jagd auf dem Götterberg Olymp Einlaß fanden.
In Athen war noch ein zweiter Mythos lebendig, der die Ansprüche der Stadt auf die Insel untermauerte: Nachdem der attische Nationalheld Theseus auf Kreta den Minotaurus getötet hatte und mit Hilfe des Ariadnefadens aus dem Labyrinth von Knossós entkommen war, legte er auf dem Rückweg nach Athen auf Delos an, um Gott Apoll mit einem Tanz zu huldigen. Eine Wiederholung dieses Tanzes stand denn auch im Mittelpunkt der Kulthandlungen beim Delia-Fest.

Seine Glanzzeit erlebte Delos allerdings erst lange nachdem Athen und die Inselstaaten als selbständige Mächte untergegangen waren – in römischer Zeit. Um dem Rom wenig freundlich gesonnenen Rhodos zu schaden, erklärten die Römer Delos 166 v. Chr. zum Freihafen; es entwickelte sich daraufhin zum bedeutendsten Warenumschlagplatz in der Ägäis. Bald zählte die Stadt bis zu 30 000 Einwohner aus der gesamten antiken Welt. Kaufleute aus anderen Provinzen errichteten Handelsniederlassungen, Bankfilialen, Villen und Tempel für ägyptische und orientalische Gottheiten.
Eines der wichtigsten Handelsgüter waren Menschen. An manchen Tagen wechselten auf den Sklavenmärkten der Insel bis zu 10 000 Gefangene ihre Besitzer.

Das Unglück brach über Delos im Jahr 88 v. Chr. herein. Truppen des Königs Mithridates VI. von Pontos, einem Reich im nordöstlichen Kleinasien, überfielen die Insel, plünderten sie und töteten 20 000 ihrer Bewohner. Davon erholte sich die Stadt nicht mehr.
Heute sind die einzigen Bewohner der Insel die Ruinenaufseher und ihre Familien. Hinzu kommen jeden Tag Hunderte oder auch Tausende von Besuchern. Im Heiligen Bezirk sehen sie Grundmauern und Kunstwerke aus der griechischen Antike. Den größten Teil der Ausgrabungen aber bilden Fundamente, Bauten, Statuen, Mosaike und anderes aus römischer Zeit.

N. ÁNDROS
N. ΑΝΔΡΟΣ
18
ANDROS
Άνδρος
Sineti
Σινέτι
Άκαμάτης
Kóhilos
Κόχυλος
Paleokastro
Παλαιόκαστρο
Órmos Korthíou
Όρμος Κορθίου
Άγιος Κοσμάς
405
Kórthio
Κόρθιο
Στενό Τήνου
Περατή
Άξενο
391
Órmos Panórmou
Όρμος Κολυμβήθρα
409
Pánormos (Pirgos)
Πάνορμος
289
Σέλινα
Istérnia
Ιστέρνια
Kalloni
Καλλονή
Agápi
Αγάπη
Λιβάδα
Όρμος Ιστερνιών
622
Kardiani
Καρδιανή
Kómi
Κώμη
Wolax
Βώλαξ
Livada
Λιβάδα
Loutra
EXOBOURGO
Φαλατάδος
Όρμος Καρδιανής
Kámbos
Κάμπος
Ξινάρα
Στενή
Kechrovuni
Ktikados
Κτικάδος
Dio Horia
Δύο Χωριά
Tinos,
Síros, Páros
N. TÍNOS
N. ΤΗΝΟΣ
Ζέφυρος
Κιόνια
Poseidon-heiligtum
Triantaros
Τριαντάρος
Girlas
Agios Ioannis
TÍNOS
Τήνος
TENOS
Ούρι
Delos
Antike Stätten
200 m
Ägäisches Meer
Stadion
Gymnasion
Heiliger
See-haus
Granit-palaistra
Heiligtum des Archegetes
Hügel-haus
Heiliger See
Mauer des Triarius
Löwen-terrasse
Agora der Italiker
Bezirk
Säulen-halle
Dodeka-theon
Stoa des Antigonos
Museum
Schatzhäuser
Keraton
Stier-halle
Portikus des Philippos
Heiliger Hafen
Aphrodite-Tempel
Tempel der fremden Götter
Inopos-Haus
Bootsanleger (Mykonos)
Heiligtum der syrischen Gottheiten
Theater-viertel
Serapeion
Mauer des Triarius
Heiligtum der Theoi Protoi
Haus der Delphine
Heraion
Haus der Götter von Askalon
Phil-adelpheion
Haus der Masken
Hafen-viertel
Heiligtum der Artemis Locheia
Heiligtum des Zeus Hypsistos
Berg Kynthos (113 m)
© Baedeker
1 Thesmophorion
2 Prytaneion
3 Tempel der Leto
4 Süd-Propyläen
5 Haus der Naxier
6 Agora der Kompetaliasten
7 Tempel des Apollon
8 Tempel der Athener
9 Poros-Tempel
10 Agora des Theophrastos
11 Haus der Poseidoniasten von Berytos
12 Artemision
13 Heiligtum des Dionysos
14 Stoa der Naxier
15 Ekklesiastron
16 Haus des Diadumenos
N. MÍKONOS
N. ΜΥΚΟΝΟΣ
Όρμος Πανόρμου
Όρμος Μερδιάς
Αρμενιστής
Ágios Stéfanos
Άγιος Στέφανος
Έβρος
Όρμος Κορφός
Τούρλος
Pantelímonos
Paleo-kastrou
341
MÍKONOS
Μύκονος
Áno Méra
Άνω Μερά
Καλαφάτι
Γκονί
Dragonissio
Tourlianis
LINÓ
N. Dragonissi
Δραγονήδι
Ταρσανάς
Όρμος Καλό Λιβάδι
N. Κταπόδια
Ornos
Όρνος
Platís Jálos
Πλατύ Γιαλό
Elia Strand
Μαυροκέφαλος
Paradise Beach
Super Paradise Beach
N. SÍROS
N. ΣΥΡΟΣ
ERMOÚPOLI
Ερμούπολη
N. Διδμη
Manna
Μάννα
Vári
Βάρη
N. Άσπρο
Bía
Καλόγερος
136
Ρήνεια
Δήλος
N. Rínia
N. Ρήνεια
DELOS
Kínthos
113
N. Dílos
N. Δήλος
136
Πόδι
N. NAXOS
N. ΝΑΞΟΣ
Ikaria
N. Donoussa
40
Άκρ. Σταυρός
422
Apóllonas
Απόλλωνας
Kastro Kalógerou
Άγιο
Abram
Χίλια Βρύση
Μυρίσης
Mési
Μέση
Κόρακας
Kolimbíthres
Όρμος Ναούσης
74
Santa Maria
Faneroménis
Σκεπάνι
Koronida
Κορωνίδα
Liónas
Λιώνας
56
N. PÁROS
N. ΠΑΡΟΣ
PLASTIRAS
Náoussa
Νάουσα
Ipsilo
937
Skadó
Σκαδό
Pireas
DELION
Sto Paláti
Galini
Γαλήνη
Engarés
Εγγαρές
Keramonti
Κεραμωτή
Kóronos
Κόρωνος
Longowardas
Ambelás
Αμπελάς
NÁXOS
Νάξος
Chrisostómou
Kinidaros
Κινίδαρος
Agia Kiriaki
PÁROS
Πάρος
(PARIKIA)
Παροικία
Treis Eklisies
Maráthi
Melanes
Μέλανες
Kouros
Κάσος Σταυρός
Sifnos
Asklepieion
Marmorstollen
Glifada
Tsoukalia
Κάβος Αγίου Προκοπίου
Galanado
Γαλανάδο
Potamia
Ποταμιά
Panagia Drossiani
Moni
Μονή
Agios Theologos
Moutsouna
Μουτσούνα
Apollon
Agios Minas
Sikinos
Prodromos
Πρόδρομος
Mármara
Μάρμαρα
Glinado
Γλινάδο
Chalki
Χαλκεί
Apirathos
Απείραθος
Kambos tis Makris
66
Lefkes
Λεύκες
N. Ios
N. Iraklia
Agersani
Αγερσάνι
Tripodes
Τριπόδες
Filóti
Φιλότι
56
Andiparos
Αντίπαρος
Christou Dasous
Pefaloudes
Márpissa
Μάρπησσα
Piso Livadi
Πίσω Λιβάδι
Áno Sangri
Άνω Σαγκρί
Damariónas
Δαμαριώνας
Danakós
Δανακός
Spileo Stalaktiton

Wo gibt es was?

Fähnchennummer = Textnummer

Mykonos-Stadt ①

Die Haupt- und Hafenstadt von Mykonos (griechisch: Míkonos; 85 km^2, 6200 Ew.) ist mit ihren malerischen Gassen, Plätzen und Häusern ein Gesamtkunstwerk griechischer Volksarchitektur. Hervorragendes Einzeldenkmal ist die Marienkirche Paraportianí, ein verschachtelter weißer Bau nahe dem Meer, an dessen Stelle sich im Mittelalter die Burg von Mykonos erhob. Geht man von der Paraportianí aus die ufernahe Gasse entlang auf die Windmühlen zu, passiert man die bei Sonnenuntergang beliebtesten In-Treffs wie die ›Kastro-Bar‹, die ›Katerina's Bar‹ und das ›Montparnasse‹. Die Gasse führt auf eine kleine Uferplattform unmittelbar neben den Häusern von ›Klein-Venedig‹. Am Meer entlang gelangt man zu den Windmühlen, von denen aus sich der schönste Blick über die Stadt bietet.

Im Gassengewirr der Stadt zeugen drei alte, untereinander verbundene Zisternen auf einem kleinen Platz davon, daß die Mykonioten erst seit 1956 Trinkwasserleitungen in ihren Häusern haben. Auf einem anderen, hafennahen Platz erinnert ein Denkmal an Mándo Mavrogénous; die junge Frau organisierte und finanzierte 1821 die Teilnahme der Insulaner am griechischen Freiheitskampf, in dem sie 22 Schiffe und 132 Kanonen zur Verfügung stellten. Interessantester Einzelbau am Fischerhafen ist das klassizistische Rathaus von 1875. Gelegentlich sieht man dort auch Pelikane, die Inselmaskottchen.

Im Archäologischen Museum (oberhalb der Straße zum Fähranleger) sind zahlreiche Funde von der antiken Friedhofsinsel *Rínia* zu sehen. Herausragendes Ausstellungsobjekt ist eine große archaische Bestattungsamphore aus der Zeit um 670 v. Chr. mit einer der frühesten Darstellungen des Trojanischen Pferdes am Hals des Gefäßes; sie stammt aus Tinos und wurde in Mykonos-Stadt gefunden. Einzigartig ist auch die große Sammlung kykladischer Keramik aus der Zeit vom 10. bis 6. Jh. v. Chr. Im Aegean Maritime Museum (tgl. 10.30–13 und 18.30–21 Uhr) wird anhand von Schiffsmodellen, Gemälden, Stichen, nautischen Geräten und dem Original eines historischen Frachtkaïkis die Seefahrtsgeschichte der Insel lebendig. Im Folklore-Museum (mo–sa 17.30–20.30 Uhr, so 18.30–21 Uhr) zeigen Möbel, Fotos und Haushaltsgegenstände, wie man früher auf Mykonos lebte. Kern des Landwirtschaftsmuseums (tgl. 16–18 Uhr) ist eine – funktionierende – Windmühle oberhalb von Klein-Venedig.

Das Nachtleben spielt sich in verschiedenen Bars, Diskotheken und Clubs ab, darunter einige Traditionsadressen: In der ›Windmill Disco‹ treffen sich die Jüngsten der Jungen, im ›Remezzo‹ und im ›Pierros‹ spätabends die Etablierten. Im ›Irish Pub‹ fließt das Bier am kräftigsten. Bester Platz für Pool-Feten ist das ›Hard Rock Café‹ an der Straße zwischen der Stadt und Áno Méra (kostenloser Zubringerbus vom Hafen aus). Wenn alle Bars und Diskotheken schließen, ist der Yacht Club am Fähranleger Treffpunkt der Unermüdlichen, die noch den Sonnenaufgang miterleben wollen.

Um zu den berühmtesten Inselstränden an der Südküste zu gelangen, fährt man mit dem Linienbus nach *Platís Jalós*. Von dort pendeln kleine Boote zum *Paradise Beach*, zum *Super Paradise Beach* und zum *Elía-Strand*; alle drei sind aber auch per Linienbus oder Mietfahrzeug zu erreichen. Gute Strände ohne speziellen Ruf findet man bei vielen der außerhalb der Stadt gelegenen, neueren Touristenhotels, z. B. in *Ornós* und *Ágios Stéfanos*.

Áno Méra (Mykonos) ②

An der großen Platía des einzigen Binnendorfs auf Mykonos liegen nicht nur sieben Tavernen, sondern auch das 1542 gegründete Mönchskloster Panagía tis Tourlianís. Der üppig mit volkstümlichen Reliefs überzogene Glockenturm und der schöne Marmorbrunnen im Hof stammen ebenso wie die übrigen Gebäude aus dem 18. Jh. Besonders bemerkenswert ist die holzgeschnitzte und vergoldete Ikonostase mit zahlreichen Darstellungen von Blumen, Engeln, Drachen, Vögeln, Früchten und Blättern sowie den vier Evangelisten mit ihren Symbolen.

1 km außerhalb des Dorfes steht nahe der Straße nach Mykonos-Stadt das bescheidene Nonnen-*Kloster Paleókastrou* aus dem 17. Jh.

Delos ③

Ausflugsboote fahren von Mykonos aus täglich, von Páros und Tinos mehrmals wöchentlich zur antiken Kultinsel Delos (griechisch: Dílos; 3,6 km^2, einige Ruinenaufseher mit Familien). Die Zeit für die Besichtigung der 1872 begonnenen, ausgedehnten Ausgrabungen ist für Tagesausflügler ohne eigenes Boot mit 2–4 Std. sehr knapp, reicht aber aus, um das Wichtigste zu sehen. Übernachtungen sind auf Delos nicht gestattet. Ein kleines Café bietet Getränke und kleine Gerichte zu stark überhöhten Preisen. Da Delos weitgehend schattenlos ist, empfiehlt sich die Mitnahme eines Sonnenhuts.

Vom Anleger aus betritt man zuerst die *Agorá der Kompetaliasten*, einen kleinen Platz mit Statuensockeln und Weihaltären; er diente den auf Delos lebenden Sklaven als Versammlungsstätte. Hier beginnt die 13 m breite Heilige Straße, die auf beiden Seiten von Säulenhallen gesäumt war: dem 72 m langen *Portikus des Philippos* (210 v. Chr.) und den 66 m langen *Süd-Propyläen* (um 250 v. Chr.). Sie mündet auf die Propyläen (2. Jh. v. Chr.), einen von Athen gestifteten Torbau mit vier Marmorstufen und drei dorischen Säulen. Er bildete den Eingang zum Heiligen Bezirk.

Nach Durchschreiten der Propyläen sieht man gleich rechts drei Säulen, die zum *Haus der Naxier* gehörten, einem repräsentativen Bau aus der Zeit um 560 v. Chr. Davor stand eine 9 m hohe Marmorstatue des Apoll, deren Basis noch zu sehen ist. Ein paar Schritte weiter erkennt man rechterhand die Grundmauern dreier Tempel *(Tempel des Apollon, Tempel der Athener, Poros-Tempel)*, die zwischen dem 6. und 3. Jh. v. Chr. von Athen gestiftet wurden.

Besonders eindrucksvoll ist dann die 50 m lange *Löwenterrasse*. Hier stehen noch fünf von ursprünglich neun monumentalen archaischen Löwen aus naxischem Marmor (6. Jh. v. Chr.). Sie blickten auf den *Heiligen See*, dessen Uferverlauf heute durch eine moderne Mauer angedeutet wird. Unter einer Palme in seiner Mitte soll Leto Apoll und Artemis geboren haben.

Umrundet man den See, kommt man über die *Agorá der Italiker* (2. Jh. v. Chr.), die einst ringsum von Säulenhallen umgeben war, zum *Museum*. Es birgt Statuen, Keramik, kleine Objekte und Mosaike aus über 1000 Jahren delischer Geschichte; die wertvollsten Funde jedoch befinden sich im Nationalmuseum in Athen.

Über die Agorá der Delier hinter den Süd-Propyläen, einen weiteren der vielen Marktplätze der Insel, kehrt man zum Anleger zurück und kann nun dem ufernahen, bergan führenden Weg folgen. Er führt in die Wohnviertel der antiken Stadt. In mehreren Häusern, deren Mauern oft noch übermannshoch stehen, findet man gut erhaltene Mosaike aus römischer Zeit. Sie zeigen Theatermasken, maritime Motive und zweimal den Gott Dionysos, auf einem Tiger und auf einem Panther reitend. Am Weg liegt auch das *Theater* (um 250 v. Chr.), das einst 5500 Zuschauern Platz bot. Gleich daneben ist eine große, neunteilige Zisterne noch gut zu erkennen.

Bei genügend Zeit kann man den höchsten Berg der Insel, den 113 m hohen *Kínthos*, besteigen. Vom ehemaligen Gipfelheiligtum des Zeus und der Athena aus genießt man einen prächtigen Rundblick über die Ausgrabungen. Auf dem Rückweg zum Anleger kommt man zu den *Tempeln der fremden Götter* mit einem fotogen restaurierten Isis-Tempel (150 v. Chr.).

Maßstab 1:300 000 0 2 4 6 8 10 km

An der Nordküste von Páros liegen – eingestreut zwischen Felsklippen – die Sandbuchten von Kolimbíthries.

Zwischen Badebucht und Cocktailbar

Páros ist neben Mykonos und Santorin die bedeutendste Urlaubsinsel der Kykladen. Tagsüber am Strand relaxen und dann an einer Cocktailbar den Abend einläuten – Ferien wie aus dem Bilderbuch. Der Touristenansturm ist zwar auch an Páros nicht spurlos vorübergegangen, aber man hat die Fehler anderer Ferienregionen vermieden und weitgehend klein und bescheiden gebaut. Parikiá gehört noch immer zu den schönsten Kykladensiedlungen, und das Inselinnere ist ohnehin – wie die gesamte kleine Nachbarinsel Antíparos – nahezu unverändert geblieben.

△ Parikiá: Hafen und . . .

. . . Burgmauer im Kástro-Viertel ▽

△ Einen ungewöhnlichen Glockenstuhl hat . . .

. . . die Katapoliani-Kirche von Parikiá auf Páros ▽

Begegnung im Innenhof der Katapoliani-Kirche ▽

Die Katapoliani von Parikiá aus dem 5./6. Jahrhundert ist eine der ältesten und berühmtesten Kirchen Griechenlands ▽

Páros' Hauptstadt Parikiá ist ein Verkehrskreuz der Ägäis. Im Hochsommer machen rund um die Uhr große Fähren im kleinen Hafen fest. Inselspringer kommen von hier nicht nur zu den meisten Kykladen, sondern auch zu anderen Inseln wie Ikaría, Sámos, Kreta oder Rhodos.

Aber es fällt nicht leicht, Parikiá zu verlassen. Zu schön sind die Gassen der Altstadt, die kleinen Cafés auf Veranden und breiten Brücken über zementierte, im Sommer als Wege dienende Trockenbachbetten. Zeitsprünge fallen leicht: Vorbei an einer venezianischen Mauer mit Säulentrommeln eines antiken Tempels schlendert man zur ›Pebbles Bar‹. Nur wenige Schritte trennen eine uralte byzantinische Kirche vom freizügigen Strand unter immergrünen Tamarisken. In der weißen Windmühle am Hafen wird kein Korn mehr gemahlen, sondern Touristen Auskunft gegeben. Aus dem einstigen Lagerhaus am Hafen wurde ein Dancefloor für die Jugend der Welt.

Zwischen Spätherbst und Ostern ist Parikiá nicht wiederzuerkennen. Wenn der Wind durch die Gassen pfeift, stundenlang Regen fällt und die ausgetrockneten Flußbetten in Sturzbäche verwandelt, wenn die Menschen in Mänteln fröstelnd um Kanonenöfen in den Kaffeehäusern sitzen, bekommt die Erinnerung an die sommerliche Fröhlichkeit etwas Unwirkliches. Die meisten Hotels, Restaurants, Reisebüros und Souvenirgeschäfte schließen. Neubauviertel verwandeln sich in Geisterstädte.

Selbst viele Einheimische, die nur noch vom Tourismus leben, ziehen sich in ihre besser beheizbaren Stadtwohnungen in Piräus und Athen zurück oder nutzen die Zeit, selbst die Welt kennenzulernen. Wer auf Páros bleibt, widmet sich der Olivenernte oder dem Ausbau seiner Häuser.

In der Antike war Marmor das bedeutendste Wirtschaftsgut auf Páros; er galt als bester Griechenlands. Man baute ihn hier im Gegensatz zu anderen Regionen in

△ Stimmungsvoll: Hafen von Náoussa auf Páros

△ Bei Léfkes liegen noch Teile der alten byzantinischen Straße

△ Kafenion in Léfkes

Verlassen: Kloster Ágios Minás ▽

△ Vom Fischerdorf zum Urlauberzentrum: Náoussa

Badebucht Kolimbithries ▽

unterirdischen, noch heute begehbaren Stollen ab und nannte ihn daher ›Lychnítes‹, den bei künstlichem Licht gewonnenen.
Seine feine Kristallstruktur verleiht dem parischen Marmor eine unübertroffene Durchscheinfähigkeit. Licht durchdringt selbst noch 35 Millimeter dicke Plättchen – beim berühmten Carrara-Marmor aus Italien gelangt es nur 25 Millimeter, bei anderen Sorten nur zehn bis 15 Millimeter weit. Diese Eigenschaft machte den Lychnítes vor allem für Statuen begehrt, obwohl die Wirkung des Marmors bei unterschiedlichem Lichteinfall nur schwer vorauszuahnen ist.

Einen der schönsten Häfen der Ägäis besitzt Náoussa, das zweite Städtchen auf Páros. Die Fischerboote liegen hier so dichtgedrängt am Kai, daß kaum noch Wasser zu sehen ist. Überall sitzen Fischer und ihre Familien am Ufer, holen einzelne Fische aus ihren Netzen, bessern später die Netze aus und legen sie fein säuberlich zusammen. Auf dem schmalen Kai stehen Tische und Stühle vor Tavernen und Bars; durch den Hafen zieht der Duft von Holzkohle und gegrilltem Oktopus.
Für die Fischer sind die vielen Urlauber, die allabendlich an den Hafen strömen, ein wahrer Segen. Überfischung und Dynamit haben die Ägäis zu einem fischarmen Meer werden lassen. Die geringen Fangmengen ernähren ihren Mann nur noch, weil dank des Fremdenverkehrs hohe Preise gefordert werden können.

Nicht nur im Wasser, sondern auch an Land ist die ohnehin artenarme Tierwelt der Ägäis in Bedrängnis. Schuld daran ist nicht zuletzt die Jagdleidenschaft vieler Hellenen, von der überall auf den Inseln leere Patronenhülsen am Wegrand zeugen. Zu erbeuten gibt es freilich nur noch wenig: Kaninchen und ein paar Vögel bestenfalls.
Da ist das Schmetterlingstal Petaloúdes auf Páros eine wahre Attraktion – wenn man zur richtigen Jahreszeit kommt. Dort leben in einem von Zypressen, Kiefern, Öl- und Feigenbäumen bestandenen, 5000

△ Antiparos bietet interessante Ansichten über . . .

. . . und unter der Erde: die Tropfsteinhöhle ▽

Auf Antiparos kann man zur Fortbewegung einen Esel mieten ▽

Armer Oktopus ▽

△ Malerisches Kirchlein auf Antiparos

Nicht nur auf Páros bestellt man sein Essen am besten nach Augenschein in der Küche ▽

Quadratmeter großen Garten zwischen Mitte Juni und Mitte September Tausende von Schmetterlingen. Sie schätzten den auf den Kykladen sonst seltenen Efeu, der hier Bäume umrankt und Mauern bedeckt.

Wer traditionelle griechische Musik schätzt, gehe in eine Bouzoúkia. Dort spielt eine Gruppe, begleitet von einander abwechselnden Sängern und Sängerinnen. Gegen Mitternacht kommen die griechischen Gäste in Stimmung. Wer tanzen will, steckt den Musikern einige Drachmenscheine zu und bestellt seine Wunschmelodie. Erklingen die ersten Takte, wird mit den Freunden, die am gleichen Tisch sitzen, getanzt.
Fremde mischen sich nicht ein, bis sie mit ihrem Lied an der Reihe sind. Als ausländischer Besucher hält man sich am besten dezent im Hintergrund, um zu erleben, daß die Welt des griechischen Tanzes mehr zu bieten hat als den Sirtáki.

Parós' Nachbarinsel Antíparos wird nur durch eine zwei Kilometer breite Meerenge von der großen Schwester getrennt. Das einzige Inseldorf besitzt noch einen für die Kykladen typischen mittelalterlichen Ortskern, ein Kástro-Viertel. Die nach außen gewandten Fassaden der lückenlos aneinandergebauten Häuser waren ursprünglich tür- und fensterlos und bildeten so eine Art Stadtmauer, die die Bewohner vor Piratenüberfällen schützen sollte. Nur zwei enge Tore führten in den großen, rechteckigen Innenhof des Kástro, auf dem die Kirche und ein Wachturm standen. Von diesem Innenhof aus führten Stufen in die Häuser hinein; zu ihm öffneten sich die Fenster.
Die bedeutendste Sehenswürdigkeit auf Antíparos ist aber eine Tropfsteinhöhle. 1673 feierte dort der französische Gesandte in Istanbul eine Christmette. Der als Altar benutzte Stalagmit trägt die noch immer lesbare Inschrift ›Christus erschien um Mitternacht zum Fest im Jahre 1673‹. 1840 verewigte sich der griechische König Otto I. aus dem bayerischen Hause Wittelsbach auf einem Stalagmiten mit seinem Autogramm.

18
30
XALANDRIANI
Tinos
Órmos Kíniou
Áno Síros
Άνω Σύρος
ERMOÚPOLI
Ερμούπολη
Kíni
Agia Varvara
Tálanta
N. SÍROS
Ν. ΣΥΡΟΣ
Galissás
Γαλησσάς
Págos
Πάγος
Manna
Μάννα
N. Δίδυμη
Fínikas
Φοίνικας
Hroússa
Χρούσσα
Vári
Βάρη
Possidonia
Ποσειδωνία
N. Άσπρο
Mégas Gialós
Μέγας Γιαλός
Tinos
Vía
Kalógeros
N. Rínia
N. Ρήνεια
Rínia
Δήλος
Kinthos
DELOS
N. Dílos
N. Δήλος
Pódi
Ágios Stéfanos
Órmos Korfos
Toúrlos
Panteleimonos
MÍKONOS
Μύκονος
Paleokástrou
Áno Méra
Άνω Μερά
Kalafáti
Tourlianis
LINÓ
Órnos
Platis Jálos
Πλατύ Γιαλό
Tarsanás
Órmos Kaló Livádi
Mavrokéfalos
Kafé Kássos
N. MÍKONOS
N. ΜΥΚΟΝΟΣ
30
18
78
Ikaria
Kórakas
PLASTIRAS
Kolimbithres
Órmos Naoússis
Santa Maria
N. PÁROS
N. ΠΑΡΟΣ
Náoussa
Νάουσα
Pireás
DELION
Longo-wárdas
Ambelás
Αμπελάς
PÁROS
Πάρος
(PARIKIÁ)
Παροικιά
Treis Eklisies
Maráthi
Asklepieio
Moni Thapsaná
Marmor stollen
Glifada
Tsoukalia
Apollon
Agios Minás
Sifnos
Prodromos
Πρόδρομος
Marmara
Μάρμαρα
Lefkes
Λεύκες
Christou Dassous
Petaloúdes
Andíparos
Αντίπαρος
Poúnda
Πούντα
Kámbos
Anerántza
Márpissa
Μάρπισσα
Kephalos
Piso Livadi
Πίσω Λιβάδι
N. ANDÍPAROS
N. ΑΝΤΙΠΑΡΟΣ
Paxagia
Christos
Άγ. Ηλίας
Kamári
Aspro Chorió
Δρυός
Golden Beach
Χρυσή Ακτή
Alikí
Angeriá
Αγκαιριά
Δριονήσι
N. Despotikó
N. Δεσποτικό
Spileo Stalaktiton
Spileo
Μαύρος
N. Τηγάνι
Faneromeni
N. Strongili
N. Στρογγυλή
Πεταλίδα
N. SIFNOS
N. ΣΙΦΝΟΣ
Panagia Pouláti
Kástro
Κάστρο
Vríssi
Fáros
Φάρος
Stavrós
Hrissopigí
N. NAXOS
N. ΝΑΞΟΣ
Chília Vrýssi
Faneroménis
N. Donoussa
Ipsilo
Galini
Γαλήνη
Engarés
Εγγαρές
Sto Paláti
NÁXOS
Νάξος
Chrisostómou
Mélanes
Μέλανες
Kinidaros
Galanádo
Γαλανάδο
Potamia
Ποταμιά
Kássos Agíou Prokopíou
Glinádo
Γλινάδο
Agersáni
Αγερσάνι
Trípodes
Τρίποδες
Áno Sangri
Άνω Σαγκρί
Ioánnou Giroulas
Kássos Mikrí Vígla
Mikrí Vígla
Kastráki
Kastro Apalirou
Kastráki
Louros Ag. Ioannis
Pirgáki
Alíko
Pan. Arkoulou
Kouroúnia
Lakkoudes
Vigláto
418
Katomeri
56
Ágios Geórgios
Spileo Stalaktiton
Irákliá
Ηράκλεια
419
N. Iráklia
N. Ηράκλεια
66
94
Géro Angelí
Agía Theodóra
Ermítis
417
Epáno Kámbos
Paleokastro
Jálos
Prof. Ilías
Agia Irini
IOS
(Chora)
Ios
Milopotas
Μυλοπότας
Psáthi
Pírgos
713
248
N. IOS
N. ΙΟΣ
Póntas
N. SÍKINOS
N. ΣΙΚΙΝΟΣ
Vorínó
Zoodóhou Pigís
Paleokastro
SIKINOS (Hóra)
Σίκινος
Ag. Georgios
Ag. Nikolaos
Faneroméni
66
94
56

Wo gibt es was?

Fähnchennummer = Textnummer

Parikiá (Páros) (1)

Páros' (194 km², 9600 Ew.) Haupt- und Hafenstadt Parikiá ist eines der schönsten Inselstädtchen der Ägäis. Das weitläufige historische Zentrum erstreckt sich vom Hafen mit seiner restaurierten Windmühle aus landeinwärts. Daran schließen sich auf beiden Seiten hinter schmalen Stränden die Hotelviertel an. Kern des Ortes ist das Kástro-Viertel mit geringfügigen Resten eines Demeter-Tempels und der unmittelbar benachbarten Kirche Ágios Konstantínos mit zierlichen Arkaden. Hier stand in venezianischer Zeit eine Burg, in deren erhaltenen, eindrucksvoll mächtigen Mauerresten viele Säulentrommeln und andere Architekturfragmente antiker Heiligtümer verbaut sind.

Die bedeutendste Kirche der Stadt ist die Katapolianí (5./6. Jh.) am großen Platz in Hafennähe. Nur wenige Schritte davon entfernt lohnt das Archäologische Museum einen Besuch; für die Wissenschaft bedeutendstes Ausstellungsobjekt ist ein Bruchstück des ›Marmor Parium‹, einer 1627 gefundenen Marmortafel aus dem 3. Jh. v. Chr. mit einer Zusammenstellung von Daten aus der antiken griechischen Geschichte.

Die engen, verwinkelten Gassen der Altstadt öffnen sich immer wieder zu kleinen Plätzen und überqueren auf winzigen Brücken Wege, die im Winter manchmal überschwemmt sind. Sie werden von zahllosen Boutiquen, Juweliergeschäften und Tavernen, aber auch von alltäglichen Läden gesäumt. Stimmungsvoller Treffpunkt am späten Nachmittag sind die Cocktailbars im Kástro-Viertel wie die ›Pebbles Bar‹, von deren Terrassen aus man zu klassischer Musik oder Jazz die Sonne im Meer versinken sieht. Spät am Abend geht man in Diskotheken wie das ›Splash‹ in einer alten Lagerhalle am Yachthafen (Juli/Aug. tgl., sonst nur an Wochenenden) oder in eine echt griechische Bouzoúkia wie das ›Elítas‹, 2 km außerhalb an der Straße nach Léfkes gelegen (Bouzoúki-Betrieb während des Karnevals sowie Juli/Aug.; wegen der aufwendigen Live-Musik kosten Getränke ab etwa 20 DM pro Person).

Leichte Wanderungen führen von Parikiá aus zum eine Wegstunde entfernten *Delíon* und zum 6 km entfernten Schmetterlingstal *Petaloúdes* (beide sind auch mit dem Fahrzeug zu erreichen). Das frei zugängliche Delíon war ein im 6. Jh. v. Chr. errichtetes Heiligtum für den delischen Apoll. Es sind nur geringe Spuren erhalten, doch allein der oft bis Delos reichende Ausblick lohnt den Aufstieg. Im Schmetterlingstal leben zwischen Mitte Juni und Mitte September Schmetterlinge aus der Familie der Bären, Spanische Flagge (Panaxia quadripunctaria) genannt (tgl. 9–20 Uhr; Rundgang nur in Begleitung eines Führers gestattet, um Störungen der Tiere möglichst gering zu halten).

Beim Schmetterlingstal steht das Nonnen-*Kloster Christoú Dássous* aus dem 18. Jh. Die beiden Klosterkirchen dürfen besichtigt werden. Die untere Kirche wurde von 1988 bis 1991 mit Wandmalereien im traditionellen byzantinischen Stil ausgestattet. Die obere Kirche birgt das Grab des Inselheiligen, des erst 1967 heiliggesprochenen Ágios Arsénios (1800–1877).

Náoussa (Páros) (2)

Das ehemalige Fischerdorf ist in den 1980er Jahren explosionsartig zum Zentrum des Pauschalurlaubs auf Páros avanciert. Aber an seinem winzigen Hafenbecken mit den Überresten einer kleinen venezianischen Hafenfestung auf der Mole ist die Atmosphäre auch heute unvergleichlich schön. Die mittelalterlichen Gassen dahinter wirken wie eine Miniaturausgabe Parikiás. Boote bringen die Urlauber zu schönen Sandstränden wie dem von *Sánta María* oder in kleine Buchten zwischen bizarren Felsen bei *Kolimbíthries*.

1,5 km oberhalb der Straße zwischen Parikiá und Náoussa leben im festungsartigen *Kloster Longowárdas* (1683) noch etwa 15 Mönche (Besuchszeit – nur für Männer! – tgl. 9.30–12.30 und 16.30–18 Uhr, bei verschlossener Tür den Türklopfer betätigen). Im von zweigeschossigen Arkadengängen umgebenen Klosterhof mit seinen hoch aufragenden Zypressen steht die Maria als Lebensspendendem Quell geweihte Klosterkirche. Ihre Fresken wurden durch Regenwassereinbrüche in den 1980er Jahren schwer beschädigt.

Maráthi (Páros) (3)

Von dem kleinen Weiler im Binnenland aus kommt man in wenigen Gehminuten zu den antiken unterirdischen Marmorsteinbrüchen von Páros. Man geht oder fährt ein paar Schritte in Richtung Léfkes und biegt dann hinter einer Straßenbrücke in einen Feldweg nach rechts ab. Vorbei an den Überresten von Gebäuden, die eine französische Firma 1844 errichtete, um Marmor für das Grabmal Napoleons im Pariser Invalidendom zu brechen, gelangt man bei zwei verfallenen Steinhäusern zum Einstieg in die unbeleuchteten Stollen, die man auf eigene Gefahr erkunden kann. Taschenlampe und festes Schuhwerk sind dafür unerläßlich!

Vom Marmorbergwerk aus führt der Feldweg durch das Tal (nicht gleich die Abzweigung bergan nehmen) zum ehemaligen *Kloster Ágios Minás*, einem kleinen, festungsartigen Bau, der heute unbewohnt ist. Wer gern wandert, kann von hier aus in etwa 2 Std. zu Fuß nach Parikiá zurückkehren. Der manchmal beschwerliche Weg führt vorbei am erst 1939 erbauten, sehr gepflegten Nonnen-*Kloster Thapsaná* (Zutritt nur für Frauen) und durch eine einsame Schlucht, über der manchmal Greifvögel kreisen.

Léfkes (Páros) (4)

Das große Bergdorf lag im Mittelalter am Heerweg von der Ostküste nach Parikiá. Teile dieser gepflasterten byzantinischen Straße mit ihren alten Brücken sind erhalten und bilden heute den schönsten Wanderweg der Insel. Er beginnt am sehr ursprünglich gebliebenen Kaffeehaus ›Lúkas E. Lúkis‹ am stimmungsvollen Dorfplatz und führt in etwa einer Stunde hinab ins Dorf *Pródromos*, wo man wieder den Inselbus besteigen kann.

Von Pródromos aus kommt man ins Dorf *Mármara*, in dessen Nähe der Berg *Képhalos* 229 m hoch aus der Küstenebene aufragt. Er wird von den spärlichen Resten einer venezianischen Burg aus dem 15. Jh. und einer dem Ágios Antónios geweihten Kapelle gekrönt. Vom Gipfel blickt man auf den Küstenort *Píso Livádi* mit seinem kleinen, von Tamarisken beschatteten Strand, an den sich weiter südlich noch zahlreiche weitere Sandstrände anschließen. Der beste von ihnen ist der *Golden Beach*, den man auch direkt von Parikiá aus mit dem Linienbus ansteuern kann (gute Windsurfmöglichkeiten).

Antíparos (5)

Antíparos (griechisch: Andíparos; 35 km², 800 Ew.) erreicht man mehrmals täglich mit dem Kaïki von Parikiá oder mit einer kleinen Autofähre von Púnda (im Sommer nahezu stdl. 7–24 Uhr). Vom kleinen Hafen aus, in dessen Tavernen man hervorragend Oktopus essen kann, führt die Dorfhauptstraße zum Kástro-Viertel, dem mittelalterlichen Wehrdorf. Beim Campingplatz, etwa 15 Gehminuten vom Hafen entfernt, sind mehrere kleine Sandbuchten mit schönen Dünen offiziell als FKK-Gelände ausgewiesen.

Vom Hafen fahren Busse und Kaïkis während der Saison regelmäßig zur elektrisch beleuchteten *Tropfsteinhöhle* (griechisch: Spíleo Stalaktitón), der Hauptsehenswürdigkeit der Insel. Zu Fuß braucht man dafür etwa zweieinhalb Stunden; der Weg führt an mehreren schmalen Kiesstränden vorbei. Der Höhleneingang liegt 177 m über dem Meeresspiegel.

Maßstab 1:300 000 0 2 4 6 8 10 km

Ein Sonnenuntergang am archaischen Tempeltor Sto Paláti gehört zu den unvergeßlichen Erlebnissen eines Náxos-Urlaubs.

Von der größten Insel zu einsamen Eilanden

Náxos ist die größte der Kykladen und eine der fruchtbarsten Inseln im ganzen Archipel. Mit dem über 1000 Meter hohen Gipfel des Zas trägt sie auch den höchsten Berg der Inselgruppe. Im Süden und Osten sind Náxos einige kleinere Inseln vorgelagert, die bis vor kurzem noch im Abseits lagen und nur selten von Schiffen angelaufen wurden. Die Griechen nennen Donoússa, Iraklía, Skinoússa und Koufoníssi denn auch zusammenfassend die Erimoníssia, die Einsamen Inseln. Ihnen schließt sich im Süden das rauhe Amorgós an, das wie ein langgestrecktes Grenzgebirge zwischen Kykladen und Dodekanes aus der Ägäis ragt.

△ Im Kástro-Viertel von Náxos-Stadt . . .

. . . gibt es viele einladende Tavernen ▽

Eine Spirituosenspezialität von Náxos ist der Kítro-Likör oder -Schnaps ▽

△ Gasse im Kástro-Viertel

△ Noch mittelalterlich geprägt ist das Kástro-Viertel . . . . . . auf dem Burgberg von Náxos-Stadt ▽

Die christlichen Kreuzritter im Mittelalter waren nicht nur vom Ideal besessen, die Moslems aus dem Heiligen Land zu vertreiben und so eine Vergebung aller Sünden zu erlangen – man hatte auch wirtschaftliche Interessen. Venedig und Genua wollten ihre Handelsvorherrschaft im Orient absichern; die Ritter begehrten Landbesitz. So gelangten denn auch nicht alle Kreuzzüge bis Palästina: Der vierte endete schon in Konstantinopel. Venedig nutzte die Gelegenheit, den mächtigen Handelskonkurrenten auszuschalten und die Schätze Ostroms nach Venedig zu transportieren. Die Ritterschaft durfte große Teile des Reichs auf dem Boden des heutigen Griechenland unter sich aufteilen.

Die Kykladen kamen damals unter die Herrschaft des venezianischen Adligen Marco Sanudo. Er wählte Náxos zum Sitz seines Herzogtums. Eine Reihe von Inseln vergab Sanudo als Lehen an andere Edelleute aus Venedig, das mit seiner Flotte auch den Bestand des Reichs sicherte und als Schiedsrichter bei Streitigkeiten unter den Rittern fungierte. Einige Inseln fielen später noch einmal an Byzanz zurück; andere wechselten mehrmals ihren Herrn. Náxos aber blieb für insgesamt 20 Herzöge Residenz, bis es 1537 von den Türken erobert und 1566 schließlich ins Osmanische Reich eingegliedert wurde.

Die Burg der Herzöge der Kykladen stand auf einem niedrigen Hügel beim Hafen der Inselhauptstadt Náxos. Sie war ursprünglich von einer hohen Mauer mit drei Toren und zwölf Türmen umgeben, von denen einer – über zwölf Meter hoch – noch gut erhalten ist. Innerhalb der Mauern erbauten sich die venezianischen Adligen und Gefolgsleute der Herzöge ihre Paläste; viele stehen noch immer und sind bewohnt. Die meisten der 45 Kapellen im Kástro-Viertel sind seit Jahrhunderten in Privatbesitz.

Am Burgplatz haben sich auch der Bischofspalast, zwei Klöster und die römisch-katholische Kathedrale erhalten, in der heute noch an jedem Sonntagmorgen Messen gelesen

△ Koúros von Apóllonas

△ Im Archäologischen Museum von Náxos-Stadt: frühkykladische Idole . . .

△ . . . und hellenistisches Mosaik ›Entführung der Europa durch Zeus als Stier‹

△ Kirche im Hafen von Náxos-Stadt

Am Hafenrand von Náxos-Stadt steht das monumentale Tempeltor Sto Paláti ▽

werden. Auf den Kykladen leben noch immer einige römisch-katholische Griechen, deren Vorfahren wahrscheinlich während der Herrschaft der Herzöge Mischehen mit dem byzantinischen Adel eingegangen sind.

In der Antike stand auf dem Burghügel wahrscheinlich die Akropolis der Inselhauptstadt. Im 7. und 6. vorchristlichen Jahrhundert war Náxos einer der reichsten und bedeutendsten Inselstaaten in der Ägäis, was auch in den prächtigen Weihegeschenken der Naxier an das Apollon-Heiligtum auf Delos zum Ausdruck kam.
538 gelangte dann auf Náxos der Tyrann Lygdamis an die Macht. Er wollte seine vermeintliche Größe in einem Monumentalbauwerk verewigen und gab den Befehl zum Bau eines riesigen Tempels auf einem kleinen Inselchen am Hafenrand, das heute über einen Damm mit der Stadt verbunden ist. Der Tempel wurde nie fertiggestellt, da man Lygdamis schon im Jahr 524 stürzte. Alles, was vom Tempel blieb, ist ein sechs Meter hohes Tor, dessen Türsturz und -pfeiler jeweils aus einem einzigen gewaltigen Marmorblock gearbeitet sind. Solche ›Monolithen‹ galten als sehr kostbar und eines Gottes besonders würdig.

Um andere bedeutende Relikte aus der frühen Glanzzeit von Náxos zu finden, muß man sich auf eine Reise quer über die Insel nach Apóllonas begeben. Dort liegt am Rand des kleinen Küstendorfs in einem antiken Steinbruch eine unvollendete, monolithische Marmorstatue aus dem frühen 6. Jahrhundert v. Chr. Dieser über zehn Meter lange Koúros war zur Aufstellung in einem Heiligtum bestimmt. Aber schon während der Arbeiten an der Figur fanden die Bildhauer Fehler im Material und stellten ihre Arbeit ein.
So ruht der nackte Jüngling, der vielleicht die Götter Apoll oder Dionysos verkörpern sollte, noch immer mit dem Fels verbunden zwischen Blumen, Büschen und anderen Marmorblöcken. Bei seinem Anblick wird verständlich, warum Monolithen so kostbar waren: Bei

△ Filóti hat eine schattige Platía

△ Noch ursprünglich: Mésa . . .

. . . und Áno Potamiá ▽

△ Filóti liegt in Náxos' fruchtbarer Tragéa-Ebene

Bei Moni: Panagia Drossiani ▽

der Bearbeitung bestand immer das Risiko, noch im letzten Augenblick einen Fehler zu machen, der den Erfolg monatelangen Mühens zunichte machte. Der Transport der tonnenschweren Steine war schwierig; aus diesem Grund bearbeitete man sie schon im Steinbruch und nicht erst auf der Baustelle oder am Bestimmungsort. Noch schwieriger war es, die Monolithen aufzurichten; dazu bediente man sich einer Rampe aus Erdreich.

Die Fahrt von Náxos-Stadt nach Apóllonas führt zunächst durch die intensiv künstlich bewässerte Livádi-Ebene mit ihren Kartoffel- und Getreidefeldern, Obstgärten und Gewächshäusern und dann durch die höher gelegene Tragéa-Ebene. Zwischen kahlen Bergen breitet sich in ihr ein Meer aus silbrig glänzenden, uralten Ölbaumen aus, das durchsetzt ist von schlank aufragenden Zypressen und zartgrünen Mandelbäumen.
Überragt wird diese paradiesische Landschaft vom 1004 Meter hohen Gipfel des Zas, dessen Name sich von Zeus ableitet, dem obersten aller antiken olympischen Götter. Einst stand hier oben nämlich ein kleines Heiligtum, in dem Zeus als Beschützer der Schafherden, als ›Dios Milosios‹, verehrt wurde.
Göttern solche Beinamen zu verleihen, war in der Antike allgemein üblich. Da es anders als in der orthodoxen Kirche mit ihrer großen Schar von Heiligen ja nur wenige Götter gab, an die man sich um Hilfe wenden konnte, mußten diese verschiedenste Funktionen übernehmen, die heute von ›spezialisierten‹ Schutzheiligen wahrgenommen werden.

Die fruchtbare Tragéa war schon immer ein Siedlungsschwerpunkt der Insel. Die vielen, sehr ursprünglich gebliebenen Dörfer der Ebene, allen voran Chalkí und Filóti, sind auch heute noch von Leben erfüllt. In einigen stehen befestigte Wohntürme der früheren venezianischen Herren, die sogenannten Pírgi.
Überall in den Dörfern und oft auch in Ölhainen versteckt, erfreuen byzantinische Kirchen und Kapellen

△ Kirchlein beim Kloster Chrissostómou

Einer der schönsten Strände auf Náxos ist der von Pirgáki ▽

△ Olivenbäume in der Tragéa

△ Venezianischer Wohnturm zwischen Náxos-Stadt und Apóllonas

△ Am Wegesrand auf Náxos

Donoússa – hier die Kéndros-Bucht – ist noch ein echter Geheimtip ▽

den kunstbeflissenen oder auch nur romantischen Besucher. Die älteste und architektonisch interessanteste von ihnen ist die Panagía Drossianí am unteren Rand des Dorfes Moní. Anhand von Freskenresten im Innern kann man sie ins 6. Jahrhundert datieren. Ist die Panagía Drossianí verschlossen, braucht man sich nicht zu scheuen, kräftig die Kirchenglocken zu läuten: Das ist für die Schlüsselverwahrerin das gewohnte Signal zu kommen.

Von Náxos-Stadt aus fährt die alte Fähre ›Skopelítis‹ mehrmals wöchentlich, im Sommer sogar täglich hinüber nach Amorgós. Unterwegs legt sie auf vier Winzlingen der Inselgruppe Erimoníssia an: Iraklía, Skinoússa, Koufoníssi und Donoússa. Alle zusammen haben nur rund 630 ständige Bewohner. Auf Koufoníssi leben die meisten Menschen von der Fischerei; sie gelten unter Griechen als besonders sanges- und tanzfreudig. Auf den drei anderen Inselzwergen werden ein wenig Landwirtschaft und Viehzucht betrieben.

Junge Familien sieht man außer auf Koufoníssi kaum: Donoússa hatte bis 1994 noch keine Mittelschule; auf keiner der Inseln gibt es eine Oberschule. Eltern, die ihren Kindern eine gute Schulbildung geben wollen, müssen mit ihnen nach Náxos oder Piräus ziehen, wenn sie sie nicht allein lassen wollen. Zudem leiden die Kinder an den Inselschulen unter dem ständigen Wechsel der Lehrer: Kaum einer kommt für immer; die meisten Lehrer sind wie die Inselärzte und -polizisten nur für ein Jahr vom Staat in die Einsamkeit entsandt.

Touristen kommen selten auf die Erimoníssia. Dennoch sieht man viele neue Häuser – erbaut von Insulanern, die anderswo leben, aber alljährlich in den Ferien für ein paar Wochen in die alte, strandreiche Heimat zurückkehren.

Zu den Erimoníssia zählt auch die heute unbewohnte Insel Kéros. Auf ihr wurden um 1884 zwei der schönsten und ungewöhnlichsten Kykladen-Idole gefunden, die heute zu den größten Schätzen des Archäologischen National-

△ Amorgós' Chóra ist eines der schönsten Kykladendörfer

Phantastische Lage: Kloster Chozoviótissa ▽

△ Auch auf Amorgós überwiegen unter der einheimischen Bevölkerung die alten Menschen

△ Windmühlenstümpfe flankieren ... ... die Chóra von Amorgós ▽

Die Besucher des Klosters Chozoviótissa werden sehr gastfreundlich empfangen ▽

museums in Athen gehören. Sie sind auch als die ersten Musikanten der griechischen Welt bekannt. Das eine Idol stellt einen nackten Mann dar, der mit seinen Händen zwei Flöten am Mund hält. Das andere zeigt einen auf einem äußerst modern anmutendem Stuhl sitzenden, Harfe spielenden Mann.

Kykladen-Idole findet man auch in vielen archäologischen Museen auf den Inseln selbst, so auf Síros, Páros und Náxos. Die Statuetten sind meist aus weißem Marmor gearbeitet. Sie wurden mit Bronzesägen aus Blöcken herausgeschnitten und dann mit Korund als Schmirgelstein modelliert. Die Figuren sind normalerweise zehn bis 20 Zentimeter hoch; das größte Objekt – auf Amorgós gefunden – erreicht 150 Zentimeter.

Die Idole entstanden zwischen den Jahren etwa 3200 und 2000 v. Chr. und stellen zumeist die Große Göttliche Mutter, Göttin der Fruchtbarkeit, des Lebens und Vergehens, dar. Sie wurden den Toten mit in die Gräber gegeben. Statuetten wie die Musikanten von Kéros oder in der Spätzeit vorkommende männliche Kriegerfiguren repräsentieren wahrscheinlich Begleiter der Großen Göttin.

Amorgós war in der Antike für seine kostbaren Leinenstoffe berühmt, die auf der Insel aus heimischem Flachs gewebt wurden. Die gefragtesten Frauengewänder waren purpurgefärbt und so hauchdünn, daß sie den Körper eher enthüllten als bedeckten.

Heute exportiert Amorgós vor allem Fleisch, Häute, Käse und Wolle von Schafen und Ziegen, die auf der nur dünn besiedelten, äußerst gebirgigen Insel noch genügend Weidegründe finden. In den fruchtbaren Küstenebenen werden zudem überwiegend Weizen und Erbsen angebaut.

An der Südküste von Amorgós schmiegt sich das schneeweiße, fünfstöckige Kloster Chozoviótissa seit Jahrhunderten an eine rostrote Felswand hoch über dem Meer. Ein stufenreicher Schieferplattenweg führt hinauf. Wie eine Fata Morgana liegt der Bau vor dem

△ Fähre vor Amorgós

△ Panorama an der Nordwestküste

Kirche bei Katápola ▽

Fischer beim Netzeflicken in Egiális ▽

△ Bei Katápola im Westen von Amorgós . . .

. . . liegen die Reste einer minoischen Siedlung ▽

Wanderer. Früher war die Fassade nicht weiß gekalkt und daher von See her kaum wahrnehmbar. Wie bei einer Festung sind in den unteren Teil der Außenmauer nur winzige Fenster und Schießscharten eingelassen. Weiter oben fällt eine außergewöhnlich große Öffnung auf: Im Raum dahinter liegen die Backöfen des Klosters, die durch dieses Loch in der Mauer mit Luft versorgt wurden.

Steht man dann vor dem Eingang an der östlichen Schmalseite des Klosters, wirkt der Bau plötzlich nicht mehr so gewaltig wie aus der Ferne. Man erkennt, daß er sich nur wenige Meter breit an die Felswand schmiegt. Einer der vier noch hier lebenden Mönche ruft den Besucher zu sich ins Gästezimmer herauf; Tresterschnaps und Bonbons werden angeboten. Dann begleitet einer der frommen Männer den Gast in die winzige Klosterkirche hinauf. Dort hängt – verborgen unter einem wertvollen Überzug aus getriebenem Silber – die ehrwürdige Ikone der Panagía Chozoviótissa, der heiligen Jungfrau von Chozova.

Chozova ist eine heute Koziba genannte Kleinstadt in der Nähe von Jericho, wo im 9. Jahrhundert mehrere orthodoxe Klöster standen. Dort hing die Ikone ursprünglich. Während der Zeit des Bilderstreits im 8. und 9. Jahrhundert, als im Byzantinischen Reich ein regelrechter Bürgerkrieg um die Frage tobte, ob die Verehrung von Ikonen gottgefällig sei oder nicht, und als zahlreiche Ikonen von den Bilderfeinden vernichtet wurden, kam sie nach Amorgós. Der Legende nach legte eine fromme Frau sie in ein Boot, um sie vor der Zerstörung zu bewahren. Das Marienbildnis wurde auf Amorgós an Land gespült und Jahrzehnte später von frommen Männern geborgen. Sie bewirkten, daß der byzantinische Kaiser Alexios I. Komnenos 1088 das Kloster gründete.

Viele orthodoxe Klöster haben eine ähnliche Gründungsgeschichte, die auf der wundersamen Auffindung im Bilderstreit verschollener Ikonen basiert, so auch die Wallfahrtskirche auf Tínos.

N.NAXOS
N. ΝΑΞΟΣ
N.PÁROS
N. ΠΑΡΟΣ
N.DONOUSSA
N. ΔΟΝΟΥΣΑ
N. Koufoníssi
N.Κουφονήσι
N. Kato Koufonissi
N.Κάτω Κουφονήσι
N. Skinoússa
N.Σχινούσα
N.Iráklia
N. Ηράκλεια
N. Kéros
N. Κέρος
N. Nikouriá
N. Νικουριά
N.AMORGOS
N. ΑΜΟΡΓΟΣ
N.IOS
N. ΙΟΣ
N.SÍKINOS
N. ΣΙΚΙΝΟΣ
N.ANIDROS
N. ΑΝΥΔΡΟΣ
N. Μακάρες
N. Στρογγυλή
N. Άνω Αντίκερι
N. Κάτω Αντίκερι
N. Άργιλος
N.Γραμβούσα
NAXOS
Νάξος
PAROS
Náoussa
Filóti
Katápola
AMORGOS (Chóra)
IOS (Chóra)
Panagiá
Ikaria
Paros
40
30
66
94

Wo gibt es was?

Fähnchennummer = Textnummer

Náxos ①

Die größte Insel der Kykladen (428 km², 14 300 Ew.) ist nur im strandreichen Küstenabschnitt zwischen der Inselmetropole Náxos-Stadt und Pirgáki touristisch gut durch Hotels, Pensionen und Campingplätze erschlossen. Zentrum von *Náxos-Stadt* ist das Kástro-Viertel über dem Hafen, das zu den besterhaltenen mittelalterlichen Siedlungen des Archipels zählt und im oberen Teil von einer teilweise erhaltenen Burgmauer (1207) umgeben ist. Auf dem höchsten Punkt des Kástros stehen die röm.-kath. Kathedrale (17. Jh.), der bescheidene Palast des röm.-kath. Erzbischofs der Kykladen und das Archäologische Museum in einem ehemaligen Jesuitenkloster. Letzteres birgt zahlreiche Kykladen-Idole, mykenischen Goldschmuck, römisches Glas und ein hellenistisches Fußbodenmosaik.

Die Flaniermeile der Stadt mit zahllosen Tavernen und Cafés ist die langgestreckte Hafenpromenade, die im Norden über einen Damm auf ein kleines Inselchen führt. Es trägt ein monumentales Marmortor (530 v. Chr.), das zu einem nie vollendeten Tempel gehörte. Schöne Sandstrände schließen sich unmittelbar im Süden des Stadtkerns an, wo auch die meisten Inselhotels stehen. Bei *Pirgáki* gehen sie in ein ausgedehntes Dünengelände über.

Eine kulinarische Spezialität der Insel ist der Kítro-Likör aus frischen Blättern der Zitronatzitrone, teilweise mit Eukalyptusessenz verfeinert. In vielen Tavernen und im Ladengeschäft der Prompónas-Destillerie an der Hafenpromenade kann man ihn kosten, bevor man ihn kauft. Ein außergewöhnliches Souvenir sind auch die ›Náxos-Augen‹ des Juweliers Tákis Giannoúlis in einer Gasse nahe der Platía an der Uferstraße: in Gold oder Silber gefaßte Teile einer Seeschnecke, die durch ihr Spiralmuster wie ein Auge wirken.

Die bedeutendsten antiken Sehenswürdigkeiten sind die beiden unvollendeten, jederzeit frei zugänglichen Monumentalstatuen nackter Jünglinge in den ehemaligen Steinbrüchen von *Apóllonas* und *Melanés* (7./6. Jh. v. Chr.). Ins 54 km entfernte Apóllonas führen täglich Busausflüge von Náxos-Stadt aus. Schön ist es auch, mit dem Linienbus nur bis *Koronída* zu fahren und von dort aus in etwa 90 Min. nach Apóllonas hinunterzuwandern. Der schmale Pfad beginnt am unteren Dorfende etwa 100 m hinter den beiden Friedhofskapellen und ist mit roten Punkten und Pfeilen gut markiert. Am Kiesstrand von Apóllonas stehen einige kleine Pensionen und Hotels.

Aus dem 8. Jh. stammt die Kirche *Panagía Drossianí* (8. Jh.) beim schönen Dorf *Moní*. Besonders viele byzantinische Kirchen aus dem 9. und 10. Jh. findet man in der Umgebung von *Chalkí*. Im Ort selbst steht direkt an der Bushaltestelle die Kirche Panagía Protóthronis mit gut erhaltenen Wandmalereien aus verschiedenen Jahrhunderten. Chalkí ist der Hauptort der fruchtbaren Tragéa-Hochebene. Hier findet man noch viele ursprüngliche, wasser- und blütenreiche Dörfer wie *Káto-*, *Mésa-* und *Áno Potamiá*. Das große Bergdorf *Filóti* lockt mit traditionellen Tavernen und Kaffeehäusern am schattigen Dorfplatz. Von hier aus kann man den Inselberg *Zas* besteigen (hin und zurück etwa 3 Std.).

Einen Besuch lohnt auch das große Bergdorf *Apírathos*. Es ist das Zentrum des naxiotischen Schmirgelabbaus. Die Verladung des gefragten Minerals erfolgt in *Moutsoúna*, das ebenso wie das weiter südlich gelegene *Psilí Ámmos* und *Abrám* an der Nordwestküste ein stiller Badeort mit nur wenigen Fremdenzimmern ist.

Eine architektonische Besonderheit von Náxos sind die über die gesamte Insel verstreuten venezianischen Wohntürme. Sie stehen wie der restaurierte *Pírgos Belónia* mitten auf den Feldern oder wie in Chalkí direkt in den Dörfern. Die alten Inselklöster sind bis auf eines heute alle verlassen. Nur im festungsartigen *Kloster Chrissostómou* (17./18. Jh.) an einem Berg hoch über der Inselhauptstadt leben noch einige Nonnen. Sie erlauben jedoch nur frommen Pilgern den Zutritt. Wegen des prächtigen Ausblicks lohnt der Weg hinauf trotzdem. Frei zugänglich sind die verfallenden Gebäude des *Klosters Faneroméni* und des *Klosters Timíou Stavroú* südwestlich von Filóti.

Für Wassersportler sind die Stadtstrände sowie Pirgáki besonders geeignet (Wasserski- und Windsurfboardverleih sowie -unterricht).

Iraklía ②

Auf Iraklía (18 km², 117 Ew.) gibt es nur wenige Fremdenzimmer. Vom Hafenort *Ágios Geórgios* aus gelangt man in 15 Gehminuten in die *Livádi-Bucht* mit grandiosem Sandstrand und einer Burgruine auf dem dahinterliegenden Kástro-Hügel. 20 Gehminuten später erreicht man den Hauptort *Panagiá*, in dessen Nähe die *Tropfsteinhöhle* (griechisch: Spíleo Stalaktitón) *Ágios Jánnis* besucht werden kann (Taschenlampe erforderlich).

Skinoússa ③

Auch auf Skinoússa (10 km², 120 Ew.) heißt der Hauptort *Panagiá* (10 Gehminuten vom Hafen). Weitere 15 Gehminuten entfernt liegt das zweite Inseldorf, *Mesariá*, mit der nahen, feinsandigen Bucht von *Psilí Ámmos*.

Koufoníssi ④

Auf Koufoníssi (4 km², 283 Ew.) gibt es mehr Fremdenzimmer als auf den übrigen Erimonissia. Die Besucher kommen vor allem wegen der guten Sandstrände der Insel, *Porí* und *Charakópou*, die man vom einzigen Inselort *Koufoníssi* bequem zu Fuß erreicht.

Donoússa ⑤

Donoússa (14 km², 112 Ew.) stellt sich zunehmend auf Fremdenverkehr ein. Ein guter Sandstrand liegt unmittelbar im Haupt- und Hafenort *Donoússa*. 20 Gehminuten von hier entfernt findet sich ein weiterer guter, wenig besuchter Sandstrand in der häufig von Segelyachten frequentierten *Livádi-Bucht*.

Amorgós ⑥

Die langgestreckte, sehr gebirgige Insel (121 km², 1600 Ew.) zerfällt in einen westlichen und einen östlichen Siedlungsteil. Sie sind erst seit Ende der 1980er Jahre durch eine Staubstraße miteinander verbunden; schneller und bequemer kommt man von einem Teil in den anderen immer noch per Schiff.

Der Hafenort des Inselwestens ist *Katápola* mit kleinem Sandstrand. Hier stehen auch Hotels und Pensionen. Ein guter Eselspfad führt in 30 Gehminuten auf einen Berg, auf dem die frei zugänglichen Reste der minoischen Siedlung *Minóa* aus dem 2. Jt. v. Chr. mit Teilen der Stadtmauer und Tempelfundamenten freigelegt wurden.

Hauptort des Inselwestens ist die *Chóra*, ein typisches Kykladendorf mit engen Gassen, windgeschützter Platía, zahlreichen Kirchen und Zisternen. Von besonderem Interesse ist die Allerheiligen geweihte, kleine Zwillingskirche Ágii Pándes, für deren Bau frühchristliche Säulen und Kapitelle verwendet wurden (Schlüssel im Kaffeehaus am Dorfplatz).

Hauptsehenswürdigkeit der Insel ist das *Kloster Chozoviótissa* an der Felswand des Berges *Profítis Ilías*, wo heute nur noch vier Mönche leben. Unterhalb des Klosters liegt die Bucht von *Agía Ánna* mit winzigem Sandstrand und schönen Felsschollen (Linienbus ab Katápola).

Mit Taxi oder Leihmoped kann man den fruchtbaren, weltabgeschiedenen Westteil der Insel erkunden, wo auf einem ins Meer vorspringenden Steilfels Überreste der antiken Stadt *Arkesíni* zu entdecken sind. Sie war im 1. Jt. v. Chr. von ionischen Samiern und Naxiern gegründet worden. Die Ausgrabungen zeigen geringe Reste aus späteren Jahrhunderten der Antike; zu den Funden gehören archäologisch aufschlußreiche Inschriften. Die Fahrt dorthin ist landschaftlich einzigartig schön.

Maßstab 1:300 000 — 0 2 4 6 8 10 km

Wo heute der kleine
Fischerort Klima liegt,
befand sich der antike
Hafen von Milos.

Weiße Dörfer und farbenreiche Küsten

Mílos ist die Bergbauinsel Griechenlands. Für den Anblick der Wunden, die ihr der Tagebau zufügte, wird der Gast durch grandiose Strände und farbenprächtige geologische Formationen mehr als entschädigt. Nur ein schmaler Sund trennt Mílos von Kímolos, einer der ruhigsten und touristisch am wenigsten erschlossenen Inseln der Ägäis. Das selten besuchte Síkinos und das im Hochsommer oft überlaufene Folégandros stellen die Verbindung zur Reihe der östlichen Kykladen her. Ihre Hauptdörfer zählen zu den schönsten der Kykladen.

△ Theater des antiken Melos über der Milu-Bucht

Hafen von Pollónia im Nordosten von Milos ▽

△ Am Strand von Klima

△ Ein besonderes Erlebnis ist die Umrundung von Milos mit einem Boot

△ Beim Kloster Agía Marina: Delijannáki-Gärten . . .

. . . und ein weiter Blick über die Milu-Bucht ▽

Die im Pariser Louvre gezeigte ›Venus von Milo‹ ist weltberühmt. Ein Bauer auf Mílos fand sie 1820, in mehrere Teile zerbrochen, auf seinem Feld. Ein auf der Insel lebender französischer Kaufmann meldete das Ereignis dem französischen Konsul in Smyrna, dem heutigen Izmir. Der gab die Nachricht an seinen Botschafter in Istanbul weiter, welcher beschloß, die Statue zu kaufen und seinem König Louis XVIII. zu schenken.

Man hielt die Venus von Milo lange Zeit für einmalig gelungen und schrieb sie den berühmtesten Bildhauern des 5. vorchristlichen Jahrhunderts zu: Praxíteles oder Skópas. Heute weiß man, daß sie nur ein minderwertiges Werk aus dem 2. Jahrhundert v. Chr. ist, geschaffen von einem ansonsten unbekannten Alexandros aus Antiochia. Dieser hatte offenbar eine klassische Vorlage, die er jedoch nur unvollkommen kopierte und variierte. Die Venus von Milo ist, um es freundlich zu sagen, bestenfalls ein neoklassisches Werk aus der Spätzeit des Hellenismus. Die Insel Mílos profitiert dennoch von ihr: Die meisten ausländischen Besucher kommen aus dem Land des Louvre, aus Frankreich.

Mílos war in der Antike dank ihrer Bodenschätze eine wohlhabende Insel. Schon in der Jungsteinzeit handelten die Milier mit Obsidian. Dieses glasartige Ergußgestein mit seinen scharfen Kanten war im gesamten östlichen Mittelmeerraum begehrt. Es ließ sich zu Messerklingen, Pfeilspitzen und anderem verarbeiten. In der klassischen Zeit exportierte man dann vor allem Alaun, Bimsstein, Tonerde und Schwefel.

Auch heute noch wird auf Mílos intensiv Bergbau betrieben. Man gewinnt Perlit als Isolierstoff und zur Bodenverbesserung, Bentonit für Gußformen in der Eisenindustrie, zur Herstellung von Tiernahrung und – zusammen mit Baryt – als Isolierstoff bei Ölbohrungen, Baryt für die Farben- und Chemieindustrie, Puzzolan für die Zementfabrikation, Kaolin zur Porzellanherstellung und für die Papierindustrie.

△ Im Nordwesten von Milos liegt die Felsküste von Sarakinikó

△ Gotteshäuser – im Kástro-Viertel in Kímolos-Stadt . . . . . . und in Zefiría auf Milos ▽

△ Die Küste von Sarakinikó bietet eine eindrucksvolle Badekulisse

Kimolos' Hafensiedlung Psáthi ▽

Die verschiedenen Mineralien, die Mílos seinem vulkanischen Ursprung zu verdanken hat, machen die Insel zum farbigsten Eiland der Ägäis. Bei einer ganztägigen Inselrundfahrt mit dem Boot erlebt man immer wieder faszinierende Formationen und Farbtöne des Gesteins. Austretende Schwefelgase färben ganze Küstenstriche gelb; anderswo schimmern die Felsen in diversen Rot- und Brauntönen oder leuchten weiß. Mehrmals geht das Boot in stillen Buchten vor Anker und gibt den Passagieren Gelegenheit, in Meeresgrotten hinein und durch Felstore hindurch zu schwimmen.
Ein Höhepunkt der Fahrt sind die Glaronissia, die Möweninseln, aus prächtigen Basaltsäulen, auf denen Hunderte von Möwen ungestört brüten können.

Der letzte Vulkanausbruch fand auf Mílos vor etwa 90 000 Jahren statt. Die tiefe Bucht von Adámas ist der Rest eines versunkenen Kraters. Über der Inselhauptstadt Pláka ragt ein Vulkankegel auf, der das mittelalterliche Kástro trug. Vom Theater der antiken Stadt aus sieht man den Vulkankegel des Profítis Ilías. In der aus weißem Gestein gebildeten Küstenlandschaft von Sarakinikó mit ihren grün und türkis schimmernden Buchten findet man zahlreiche Versteinerungen von Meerestieren.

Auch Kímolos profitierte in der Antike von seinen Bodenschätzen. Die Athener liebten ihr abendliches Bad, und da Seife damals noch unbekannt war, wusch man sich mit ›Kimolischer Erde‹. Ein Vergnügen war die Anwendung des stark sodahaltigen Kalks aber wohl kaum, wie man einer Stelle in den ›Archarnern‹ des Aristophanes entnehmen kann. Da sagt Dikaiopolis: ›Doch niemals hat mich je, seit ich mich wasche, die Lauge so im Aug' gebissen wie heute . . .‹
Im Zeitalter des Duschgels ist kimolische Erde nicht mehr gefragt. Man baut heute ein wenig Bentonit ab. Trotzdem ist Kímolos wie manch andere Kyklade eine nur im Sommer lebendig erscheinende Insel. Ihre Einwohnerzahl nimmt ständig

△ Im Kástro-Viertel der Chóra von Folégandros

Traubenlese auf Folégandros ▽

△ Das tempelförmige Heróon auf Síkinos war ursprünglich ein antiker Grabbau

Zahllose Terrassen überziehen die Hänge nahe der Chóra von Síkinos ▽

△ Folégandros: Die Panagía-Kirche überragt die Chóra

Síkonos: Kirche des unbewohnten Klosters Zoodóchos Pigi ▽

ab: 1889 lebten hier 1515 Menschen, 1991 nur noch 724. Im Gegensatz zu den meisten anderen Inseln ist man auf Kímolos kaum um Fremdenverkehr bemüht. Das dürfte zu einem weiteren Niedergang führen.

Folégandros ist da ganz anders. Hier steigt die Einwohnerzahl in den letzten Jahren wieder leicht an. Im Hauptdorf, der Chóra, werden zahlreiche Zimmer vermietet; am Dorfrand sind kleine Hotels entstanden. Am Dorfplatz bietet Nicolas aus Makedonien ›Turbo-Service‹ und internationale Küche, während die zahlreichen anderen Wirte überwiegend Lokales wie Koteletts vom Zicklein in Zitronensauce servieren.
Die Folegandriner haben Glück: Während in der Chóra 95 Prozent der Bevölkerung von Handel und Tourismus leben, widmen sich im zweiten Inseldorf Áno Meriá noch 95 Prozent der Landwirtschaft und Viehzucht. Da herrscht an frischen Produkten ebensowenig Mangel wie an Gästen: Man zählt etwa 12 000 Besucher im Jahr, vor allem Franzosen und Italiener.

Im Gegensatz zu Folégandros besitzt Síkinos keine nennenswerten Strände. So setzen nur wenige Urlauber ihren Fuß auf diese Insel, die als nahezu unzugänglicher Fels steil aus dem Meer aufragt.
Ihr Name entstammt wie der vieler anderer ägäischer Inseln der griechischen Mythologie: Síkinos war der Sohn der Nymphe Neída und des Königs Thóantos von Límnos. Auf jener Insel hatten die Frauen den Tempeldienst für Aphrodite vernachlässigt. Die Göttin der Liebe und der Schönheit – von den Römern später Venus genannt – bestrafte sie grausam. Die limnischen Frauen stanken fortan so kräftig, daß ihre Männer sich neue Frauen vom thrakischen Festland holten. Das erzürnte die Limnierinnen, und sie massakrierten alle Männer ihrer Insel. Nur König Thóantos entkam auf einer Barke und wurde von der Nymphe Neída aus dem Meer geborgen. Sie zeugten einen Sohn – Síkinos.

N. SIFNOS
N. ΣΙΦΝΟΣ
N. ANDÍPAROS
N. ΑΝΤΙΠΑΡΟΣ
N. Despotikó
N. Δεσποτικό
N. Strongili
N. Στρογγυλή
N. Kitriani
N. Κιτριανή
Steno Kimolou Sifnou
Στενό Κιμώλου Σίφνου
N. KIMOLOS
N. ΚΙΜΩΛΟΣ
N. ANDIMILOS
N. ΑΝΤΙΜΗΛΟΣ
N. POLIEGOS
N. ΠΟΛΥΑΙΓΟΣ
Steno Poliegou Folegandrou
Στενό Πολυαίγου Φολέγανδρου
N. MILOS
N. ΜΗΛΟΣ
N. Kardiotissa
N. Καρδιώτισσα
N. SÍKINOS
N. ΣΙΚΙΝΟΣ
N. FOLÉGANDROS
N. ΦΟΛΕΓΑΝΔΡΟΣ
KRITIKO PÉLAGOS
ΚΡΗΤΙΚΟ ΠΕΛΑΓΟΣ
Paros
Serifos
Iráklio
Thira
Milos
Jálos
78
40
30
56
94
Kamares
Apollonia
Artemó
Kástro
Faros
Vathi
Platis Gialos
Chrissopigi
Panagia Pouláti
Exámpela
Vrissi
Stavrós
Moni ton Taxiarchou
Prof. Ilias
Agios Simeon
Prof. Iliou
Vounoú
Kimolos
Psathi
Prassa
Ellinika
Goupa Kara
Glaronissia
PLAKA
Trivassáklos
Klima
Tripiti
Adamas
Sarakiniko
Pollónia
Filakopi
PELOS
Zefiria
Kánava
Agia Marina
Siderianos
P. Kipou
Agios Sostis
Panagia
Ormos Milu
Ormos Paliochóri
Kastélli
Áno Meriá
Angáli
Agios Nikólaos
FOLÉGANDROS (Chóra)
Karavostássis
Ormos Livadi
SÍKINOS (Chora)
Zoodóchos Pigi
Paleokastro
Ag. Georgios
Ag. Nikolaos
Alopronia
Heróon
Episkopi
Faneroméni
Agia Marina
Pounda
Christoú Dasous
Lefkes
Angeria
Paxaglia
Spileo Stalaktiton
Spileo
Faneromeni
N. Τηγάνι

Wo gibt es was?

Fähnchennummer = Textnummer

Mílos ①

Auf Mílos (150 km^2, 4300 Ew.) lebt der Großteil der Bevölkerung im Hafenort *Adámas* und in den ineinander übergehenden Dörfern *Triovassálos, Pláka* und *Tripití* oberhalb des Hafens. Adámas liegt an einer weiten Bucht, die sich 10 km tief in die Insel einschneidet und sie so fast in zwei Hälften teilt. Die westliche Hälfte ist nahezu menschenleer; hier ist eine nur auf Mílos zu findende Unterart der Giftschlange Vipera lebertina heimisch.

Adámas ist das touristische Zentrum der Insel. Es wurde erst 1824 von Kretern gegründet, die ihre Heimatinsel nach einem niedergeschlagenen Aufstand gegen die Türken verlassen hatten. Die Bucht ist einer der sichersten Naturhäfen des Mittelmeers und wurde gern als Kriegsflottenbasis genutzt. Am höchsten Punkt des Ortes steht die Mariä Entschlafung geweihte Kirche Kímesis tis Theotókou (1868–1870) mit Wandmalereien und wertvollen Ikonen aus dem 17. Jh. an der Ikonostase (tgl. 18 bis 20 Uhr). Am nordwestlichen Ortsrand ist an den Küstenfelsen der Gemarkung Níchia noch Obsidian zu finden, der in der Steinzeit auf Mílos abgebaut wurde.

Zu Fuß oder mit dem Bus gelangt man von Adámas hinauf in die Inselhauptstadt Pláka. Ein kleines, neoklassizistisches Gebäude an der Bushaltestelle beherbergt die Archäologische Sammlung, darunter die ›Dame von Filakopí‹, ein 45 cm hohes, bemaltes Tonidol aus mykenischer Zeit (1400–1200 v. Chr.), sowie zahlreiche vorgeschichtliche Werkzeuge aus Obsidian. Das Volkskundliche und Historische Museum (di–so 10–13 Uhr, di–sa auch 18–20 Uhr) neben der großen Kirche Mariä Geburt (Genéthlion tis Theotókou) zeigt neben historischem Interieur und Fotos auch die diversen Mineralien der Insel. Ein Raum dokumentiert die Bedeutung von Mílos als Lotsenstation während der Türkenzeit.

Von der Straße zum Nachbardorf Tripití zweigt eine ausgeschilderte Straße zu den *Katakomben* ab. Auf ihr gelangt man in wenigen Gehminuten zu den Überresten der antiken Stadt *Melos,* die von 1000 v. Chr. bis 1000 n. Chr. besiedelt war. Am besten erhalten ist das frei zugängliche, kleine römische Theater, in dessen Nähe die heute im Pariser Louvre ausgestellte Statue der ›Venus von Milo‹ gefunden wurde (der genaue Fundort ist durch ein Hinweisschild markiert). Vorbei an den Resten der antiken Stadtmauer kommt man zur größten frühchristlichen Katakombenanlage Griechenlands, die vom 3. bis 5. Jh. als Begräbnisstätte diente (tgl. außer mi und so 8.45–13 Uhr). In ihr sind noch 126 Grabgewölbe erhalten.

In Adámas werden Motorboote zum Selbstfahren vermietet, mit denen man in der windgeschützten Bucht viele gute Sandstrände ansteuern kann. An einem von ihnen, dem Strand von *Kánava,* wird das Meerwasser unmittelbar am Ufer vor dem Elektrizitätswerk durch heiße Quellen aufgeheizt. Heiße Quellen gibt es auch am Strand von *Paliochóri* an der Südküste der Insel. Die niedrigen Felsen, die ihn säumen, schimmern in vielen Farbtönen, darunter kräftiges Gelb durch Schwefelablagerungen.

Eine Übersicht über die vielen anderen schönen Strände der Insel vermittelt eine sehr empfehlenswerte, ganztägige Bootsfahrt rund um Mílos, die vor der Nordküste auch dicht an den *Glaroníssia* vorbeiführt, einzigartigen Inselchen aus Säulenbasalt.

Für gute Schwimmer attraktiv sind die winzigen Strandbuchten zwischen den glattgeschliffenen Uferfelsen an der Nordküste bei *Filakopí,* der Ausgrabung einer bronzezeitlichen Siedlung, die von 2300 bis 1100 v. Chr. bewohnt war. Ihre Stadtmauer ist stellenweise bis zu 4 m hoch und 6 m dick erhalten. Nur 3 km von Filakopí entfernt liegt der Küstenort *Pollónia* mit schönem, von Tamarisken beschattetem Strand. Von hier aus fahren kleine Boote mehrmals täglich zur Nachbarinsel Kímolos.

Kímolos ②

Kímolos (36 km^2, 700 Ew.) ist äußerst dünn besiedelt. Die Schiffe legen in der Hafensiedlung *Psáthi* an. Eine Straße führt ins 800 m entfernte Hauptdorf *Chóra* mit einem stark zerfallenem Kástro-Viertel (17. Jh.). Eine andere Straße führt von der Chóra in die Psáthi benachbarte Bucht von *Goúpa Kará* mit einigen Sommerhäusern und in den Tuff hineingebauten Bootsschuppen, dann weiter durch vom Bergbau geprägte Landschaft in etwa einer Gehstunde zur Bucht von *Prássa,* einer Sommersiedlung der Bergbauarbeiter.

Schönere Sand- und Kiesstrände sind an der Süd- und Westküste zu finden. Bis zum *Bonátsa*-Strand im Süden läuft man etwa 40 Min., von dort weiter an die Strände von *Sikiá* und *Elliniká* noch einmal 40 bis 50 Min.

Folégandros ③

Der Hafenort der Insel (32 km^2, 570 Ew.) heißt *Karavostássis.* Von hier führt eine Asphaltstraße durch eine kahle Schlucht hinauf in den Hauptort *Chóra.* Sie reicht bis unmittelbar an die 300 m hohe Steilküste im Inselnorden. Das Kástro-Viertel, das man durch eine Pforte vom Dorfplatz aus betritt, gehört zu den schönsten der Kykladen. Die Platía selbst ist der Treffpunkt von Insulanern und Gästen. Überragt wird die Chóra von einer blendend weiß gekalkten Marienkirche (19. Jh.) am jähen Abgrund (Panoramablick), die man zu Fuß auf einem Serpentinenweg erreicht.

Von der Chóra führt eine schmale Straße in bewegtem Auf und Ab in den Westteil der Insel mit der weitläufigen Streusiedlung *Áno Meriá* (Busverkehr mit Chóra und Karavostássis). Hier kann man im Mai/Juni noch häufig Bauern beim traditionellen Dreschen des Getreides mit Eseln und Maultieren sehen. Ein kleines Volkskundliches Museum am Wegesrand dokumentiert das ländliche Leben in vergangenen Zeiten.

Die am mühelosesten zugänglichen Strände liegen im unmittelbaren Ortsbereich von Karavostássis und in der benachbarten *Livádi-Bucht,* wo es auch einen Campingplatz gibt. Die Strände von *Angáli* und *Ágios Nikólaos* erreicht man über Feldwege, die von der Straße nach Áno Meriá abzweigen (im Hochsommer auch Badeboote ab Karavostássis; Mopedverleih in Karavostássis). Weitere kleine, kaum besuchte und für FKK geeignete Strände liegen in kleinen Buchten unterhalb von Áno Meriá.

Síkinos ④

In *Aloprónia,* dem Hafenort der Insel (41 km^2, 260 Ew.), steht das einzige Hotel von Síkinos. Hier findet man auch den einzigen bequem erreichbaren Sandstrand der Insel. Zu Fuß kann man in etwa 1 Std. über einen Eselspfad in die Bucht *Ágios Nikólaos* mit Kieselsteinstrand wandern. Im Hochsommer werden gelegentlich Bootsausflüge in die nördlich anschließende Bucht *Ágios Geórgios* mit grobkörnigem Sandstrand angeboten, an dem Bimsstein und viele schöne, farbige Kieselsteine zu finden sind.

Zwischen dem Hafenort Aloprónia und dem Inseldorf *Chóra* pendelt zu allen Schiffsankünften und -abfahrten der einzige Bus der Insel. Leihfahrzeuge gibt es auf Síkinos nicht. Die Chóra ist ein stilles Kykladendorf ohne Hotel oder Pension; es werden jedoch einige Privatzimmer vermietet.

Die schönste Inselwanderung führt von der Chóra aus auf kleinem Pfad hoch über der Steilküste in etwa 90 Min. zum *Heróon.* Es wurde im 3. Jh. n. Chr. als tempelförmiger Grabbau für einen reichen Bürger der antiken Siedlung erbaut, die auf dem benachbarten Bergkegel stand. In frühchristlicher Zeit verwandelte man es – ohne viel zu ändern – in eine Kirche. Im 17. Jh. wurde es durch Anbauten vergrößert und mit einem Kloster, von dem keine Reste erhalten sind, umgeben.

Maßstab 1:300 000 – 0 2 4 6 8 10 km

Von Sérifos' Chóra aus hat man einen weiten Blick über die Livadíu-Bucht.

Wo die Athener Urlaub machen

Kéa und Kíthnos liegen Athen am nächsten. Hier hat so mancher Bewohner der Vier-Millionen-Metropole sein Wochenend- und Ferienhaus. Auch nach Sérifos und Sífnos, die bei Ausländern noch weitgehend unbekannt sind, drängt es viele Griechen. Jedes der vier Eilande hat sein eigenes, unverwechselbares Gesicht. Massentourismus ist auf allen diesen Inseln ein Fremdwort.

△ Stachelige Macchia . . .

. . . und duftende Mimosen ▽

△ Kykladen wie aus dem Bilderbuch: Kirchlein bei Kástro auf Sífnos

Burgartige Kirchen- und Friedhofsanlage bei Kástro ▽

△ Sífnos bietet ansprechende Ausblicke und . . .

. . . malerische Einblicke – hier in die Hauptgasse in Apollonia ▽

Gipfelkapellen gibt es auf fast allen griechischen Inseln. Oft sind sie dem Propheten Elias geweiht, dem der alttestamentarische Gott Jahwe auf einem Berg erschienen war. Die Menschen auf Sífnos haben eine besondere Leidenschaft für Kirchen und Klöster auf Berggipfeln entwickelt. Anders als auf den übrigen Kykladen sind ihre Kuppeln nur selten farbig gestrichen, sondern leuchtend weiß.
Noch eine zweite Vorliebe der Sifnier wird bald deutlich: Sie bauten gern kleine Klöster auf felsige Landzungen direkt am Meer. Das von Chrissopigí ist das fotogenste von allen und als Postkarten- und Postermotiv überall in Hellas zu finden. Wer mag – und rechtzeitig reserviert –, kann in diesem Bilderbuchkloster sogar in einfachsten Zimmern wohnen: Mönche und Nonnen gibt es in Chrissopigí wie in so vielen Klöstern Griechenlands schon lange nicht mehr.

Sífnos' Bevölkerung lebt vor allem auf einer schmalen Hochfläche im Zentrum der Insel, die von niedrigen Hügelkämmen durchzogen ist. Diese Topographie hat eine besondere Siedlungsform erzwungen. Die einzelnen Ortschaften, längst fast nahtlos zusammengewachsen, ziehen sich wie Straßendörfer von Nord nach Süd im Halbkreis um das zentrale Apollonía herum. Die Straßen sind meist enge, oft stufenreiche Gassen.
Sífnos' Oberflächengestalt ist noch bewegter als die der meisten anderen Kykladen. Schroffe Formen fehlen allerdings. Die Hügel sind welliger, die Hänge sanfter und fließender. Das macht Sífnos im Zusammenspiel mit seinen vielen Trockenmauern, den weißen Kirchen und Klöstern und den blumenreichen, reinlichen Dörfern zu einer der lieblichsten Inseln der Ägäis.

Vor 2500 Jahren war sie auch eine der reichsten. In Minen nahe der Küste bauten Sklaven für die Aristokratie der Inseln Gold und Silber ab. Ein Zehntel der Förderung stifteten die sifnischen Vollbürger regelmäßig als goldenes Ei dem Apoll-Heiligtum in Delphi.

△ *Sifnos: Kloster Taxiarchón . . .*

. . . und der Hafenort Kamarés ▽

△ *Immer wieder ein beliebtes Fotomotiv: Fischer beim Netzeflicken*

△ Vathi

Antike Turmruine Áspros Pirgos bei Platis Jalós ▽

Eine Seltenheit: Wein vom Faß ▽

Um das Jahr 500 v. Chr. herum überfiel die Sifnier der Geiz. Samier waren auf Sífnos gelandet und forderten zehn Talente – 260 Kilogramm – Silber. Die Sifnier verweigerten ihnen dies, woraufhin die Invasoren ihnen gewaltsam die zehnfache Menge abnahmen. Das veranlaßte die Sifnier zur Sparsamkeit an falscher Stelle: Sie brachten Apoll und seinen Priestern statt des üblichen Eies aus Massivgold ein nur vergoldetes Ei. Apoll zürnte, das Meer brach in die Minen auf Sífnos ein und machte die meisten von ihnen für alle Zeiten unbrauchbar.

In Mittelalter und Neuzeit erwarben sich die Sifnier einen guten Ruf als Töpfer. Auch heute noch sieht man insbesondere im Hafenort Kamáres zahlreiche Keramikgeschäfte. Sie verkaufen allerdings oft keine einheimische oder zumindest nach Souvenirgeschmack gefertigte Ware. Die traditionellen sifnischen Tonerzeugnisse gehen darin unter: unglasierte, rotbraune Wasserkrüge und Schmortöpfe, unserem Römertopf ähnlich.

Aluminium und Plastik haben die althergebrachten Produkte überflüssig gemacht – und mit dafür gesorgt, daß die Abfallberge auf den Inseln immer größer werden. Die weiten und teuren Transportwege zum Festland verschärfen das Problem. So verkaufen viele Wirte und Händler Getränke lieber in Plastikflaschen und Aluminiumdosen als in Pfandflaschen: Sie sind zunächst leichter zu entsorgen.

Müllverbrennungsanlagen gibt es nirgends. Wo der Müll unter freiem Himmel verbrannt wird, ist oft schon von weitem eine Tag und Nacht aufsteigende Rauchsäule zu sehen. Wilde Müllhalden an Böschungen gehören ebenfalls zu den Entdeckungen am Wegesrand.

Zurück zu erfreulicheren Anblicken: Auf Sífnos Nachbarinsel Sérifos ist das Ensemble von Hafenbucht und Chóra besonders reizvoll. Schon mancher Reisende ist hier ungeplant ausgestiegen, weil ihn das Panorama beim Einlaufen in den Órmos Livadíu faszinierte. Am westlichen Ende der tiefen Bucht stehen die Häuser des Hafen-

△ Auch auf Sérifos gibt es ein Taxiarchón-Kloster

In Panagiá im Nordteil von Sérifos ▽

Typisch kykladisch: Sérifos' Chóra ▽

△ Über Sérifos' Hafenort Livádi ragt der Chóra-Hügel auf

△ Das Kafenion ist nicht nur auf Sérifos eine männliche Domäne

Kéas archaischer Löwe ▽

orts Livádi hinter einem langen, von Tamarisken beschatteten Strand. Unter den Bäumen stehen Tische und Stühle von Tavernen und Bars. Jenseits der Küstensiedlung steigt ein kegelförmiger Berg steil aus der kleinen Küstenebene auf. Am Hang klettern die weißen, oft noch mittelalterlichen Häuser der Chóra von halber Höhe bis dicht unter den höchsten Gipfel des früheren Burgbergs empor.
Verlockend ist der Gedanke, tagsüber ein angenehmes Strandleben führen und abends ins romantische Dorf hinaufsteigen zu können, wo sich einfache, ursprüngliche Tavernen auf drei kleine, windgeschützte Plätze verteilen. Und schön, daß hier wie auch auf manchen anderen Kykladen der Massentourismus noch nicht Einzug gehalten hat…

Livádi und Chóra sind Namen, die in Griechenland hundertfach auftauchen. Livádi bezeichnet meist eine kultivierbare Küstenebene. Chóra nennen die Griechen das Hauptdorf einer Insel. Weitere häufige Ortsbezeichnungen sind Órmos – Bucht –, Jalós – Ufer (auch Gialós geschrieben) –, die Dorfnamenszusätze Áno (Ober-) oder Káto (Unter-) sowie Ágios – Heiliger –, Agía – Heilige – und Panagiá, eine abgewandelte Form von Panagía, dem Beinamen der Gottesmutter.
Panagiá heißt auch ein Dorf auf Sérifos. Seit kurzem führt eine Asphaltstraße von der Chóra aus dorthin und weiter zu zwei anderen Dörfern. Auf vielen der Kykladen werden jetzt neue, befestigte Straßen gebaut. Das Geld dafür kommt von der Europäischen Union aus Brüssel. Die Straßen sollen helfen, schon aussterbende Dörfer am Leben zu erhalten. Mancher Insulaner wäre über eine bessere Ausstattung von Arztstationen und Schulen sicher mehr erfreut.

Zwischen Galaní und Kallítsos steht wie eine Festung das Kloster Taxiarchón am Straßenrand. Es wird nur noch von einem einzigen Mönch bewohnt, der zugleich auch Priester für die drei Dörfer an der neuen Straße und für die vielen kleinen Kapellen ist, die über die

△ Die Wallfahrtskirche von Kanála auf Kíthnos birgt eine heilige Ikone

△ Vor der Agia-Triáda-Kirche in der Chóra von Kíthnos

△ Driopís: Häkeln vor der Haustür, . . .

. . . Töpfern in der Werkstatt ▽

△ Verschiedene Kykladen kann man im Sommer auch mit Tragflügelbooten erreichen

Stin Kolónna auf Kíthnos ▽

Felder verstreut liegen. Er ist stolz darauf, orthodox zu sein: Für ihn ist der Papst nicht Oberhaupt der Kirche und nicht unfehlbar. Christus hat keinen Stellvertreter auf Erden, der neue Dogmen verkünden kann wie das erst 1952 vom Papst formulierte von der leiblichen Himmelfahrt Mariens. Dogmatische Fragen können nur von Ökumenischen Konzilen entschieden werden – das letzte von den orthodoxen Christen anerkannte trat 787 in Nicäa zusammen. Deswegen feiern diese am 15. August auch nicht das Fest Mariä Himmelfahrt, sondern Mariä Entschlafung.
Ikonen und Wandmalereien mit diesem Thema zeigen, worauf es ankommt: Christus steht am Sterbebett Mariens und hält ihre Seele im Arm, um sie gen Himmel zu tragen. Ihr Leib interessiert nicht.

Eine solche Ikone hängt auch in der Wallfahrtskirche der Panagía Kanála auf Kíthnos, am 15. August das Ziel vieler Pilger.
Den ganzen Sommer über fahren Griechen nach Loutrá, dem Thermalbad der Insel. Auf dem Weg dorthin sieht man die Bemühungen des griechischen Staates, Erfahrungen mit alternativen Energiequellen zu sammeln. In der Nähe der Chóra drehen sich fünf zweiflügelige Rotoren, die bis zu 100 Kilowatt pro Stunde ins Stromnetz der Insel einspeisen. Nicht weit davon hat man neben dem mit Dieselöl betriebenen Kraftwerk Sonnenkollektoren installiert. Beide Anlagen zusammen können im Winter den gesamten Energiebedarf der Insel abdecken, im Sommer immerhin noch über 20 Prozent.

Kéa, die dem Festland nächstgelegene aller Kykladen, ist eine durch Straßen noch immer schlecht erschlossene Insel. Im Hauptort Joúlis sind Esel und Maultiere die einzigen Verkehrsmittel. Als Fremder ist man für Inselstreifzüge auf seine Füße angewiesen.
Die größte Attraktion von Kéa träumt seit über 2500 Jahren zwischen Schafen und Ziegen am Ortsrand von Joúlis vor sich hin: ein lächelnder Löwe aus archaischer Zeit.

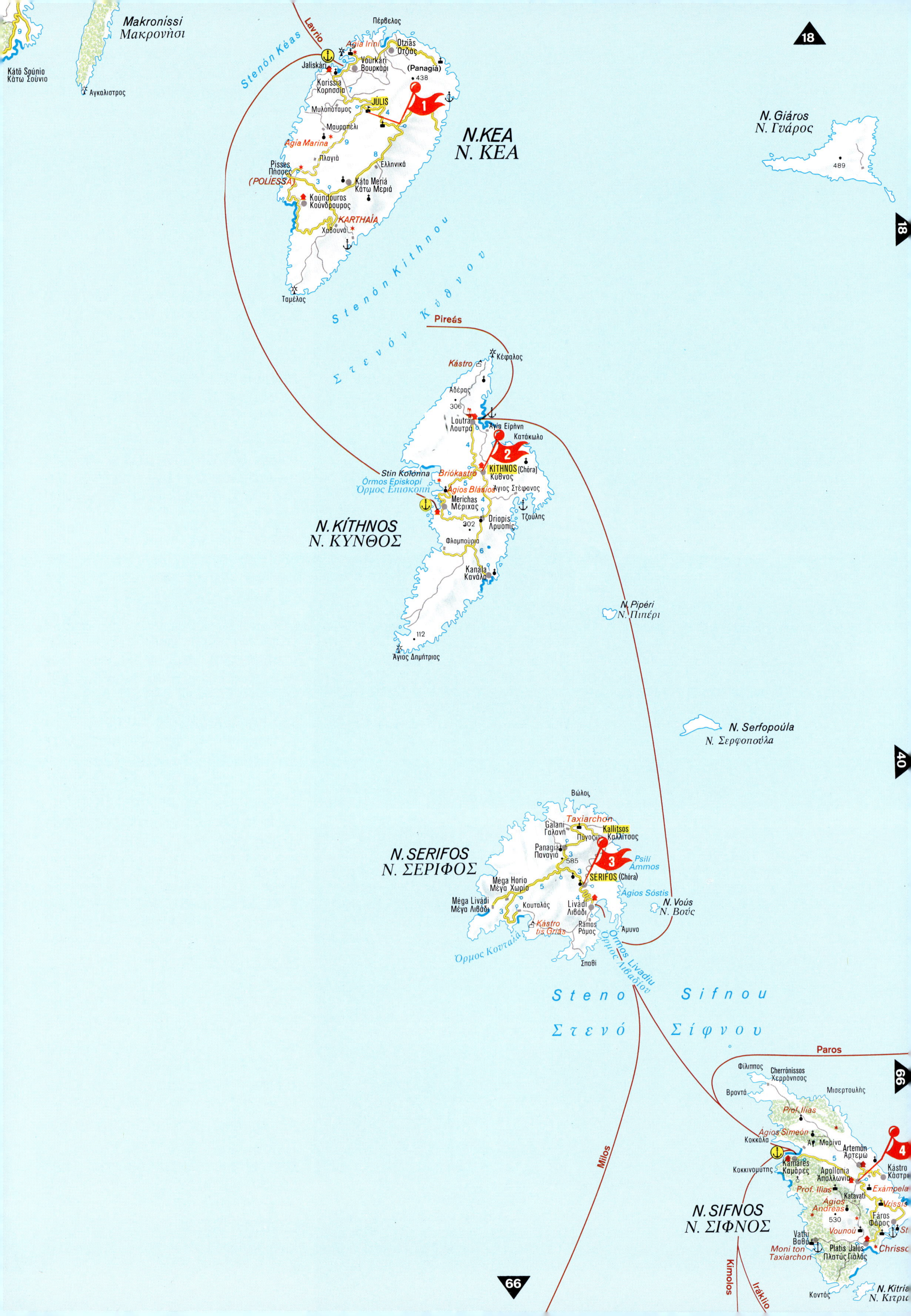

Makronissi
Μακρονήσι
Κάτω Sounio
Κάτω Σούνιο
Αγκαλίστρος
Lavrio
Stenón Kéas
Πέρθελος
Agía Iríni
Otziás
Οτζιάς
Vourkári
Βουρκάρι
(Panagiá)
438
Jaliskári
Korissía
Κορησσία
JÚLIS
Μυλοπόταμος
Μαυροπέλι
Agía Marína
Πλαγιά
Písses
Πήσσες
(POLIESSA)
Ελληνικά
Káto Meriá
Κάτω Μεριά
Koúndouros
Κούνδουρος
KARTHAÍA
Χαβουνά
Ταμέλος
N.KEA
N. KEA
N. Giáros
N. Γυάρος
489
18
Stenón Kíthnou
Στενόν Κύθνου
Pireás
Kástro
Κέφαλος
Αδέρας
306
Loutrá
Λουτρά
Agía Eiríni
Κατάκωλο
KITHNOS (Chóra)
Κύθνος
Stin Kolónna
Órmos Episkopí
Όρμος Επισκοπή
Briókastro
Ágios Blásios
Άγιος Στέφανος
Mérichas
Μέριχας
Τζούλης
Dríopis
Δρυοπίς
302
Φλαμπούρια
Kanála
Κανάλα
112
Άγιος Δημήτριος
N. KÍTHNOS
N. ΚΥΘΝΟΣ
N. Pipéri
N. Πιπέρι
N. Serfopoúla
N. Σερφοπούλα
40
Βώλος
Taxiarchon
Galani
Γαλανή
Kallitsos
Πύργος
Καλλίτσος
Panagiá
Παναγιά
585
Psilí Ámmos
N. SERIFOS
N. ΣΕΡΙΦΟΣ
SERIFOS (Chóra)
Méga Horio
Μέγα Χωριό
Ágios Sóstis
Méga Livádi
Μέγα Λιβάδι
Κουταλάς
Livádi
Λιβάδι
N. Voús
N. Βούς
Kástro tis Grías
Rámos
Ράμος
Άμμος
Όρμος Κουταλά
Órmos Livadiú
Όρμος Λιβαδίου
Σπαθί
Steno Sifnou
Στενό Σίφνου
Paros
Φίλιππος
Cherrónissos
Χερρόνησος
66
Βροντά
Μισερτουλής
Prof. Ilias
Ágios Simeón
Κοκκάλα
Μαρίνα
Artemón
Αρτεμώ
Kástro
Κοκκινομύτης
Kamáres
Καμάρες
Apollonía
Απολλωνία
Exámpela
Prof. Ilías
Katavati
Ágios Andreas
Vríssi
530
Fáros
Φάρος
N. SIFNOS
N. ΣΙΦΝΟΣ
Vounoú
Vathí
Βαθύ
Moní ton Taxiarchon
Platís Jalós
Πλατύς Γιαλός
Chrisso
Milos
Kimolos
Iráklio
Κοντός
N. Kitria
N. Κιτριά

66

Wo gibt es was?

Fähnchennummer = Textnummer

Kéa ①

Die Insel (130 km², 1800 Ew.) liegt abseits der Touristenströme, da sie von keiner der großen Autofähren zu den übrigen Kykladen angelaufen wird (Fähre von Lávrion auf dem attischen Festland, Tragflügelboot vom Hafen Zéa Marína, dem Yachthafen von Piräus). Kéas Hafen ist *Korissía* an einer langgestreckten Bucht, an deren Ufern zwei weitere Dörfer liegen: *Jaliskári* mit dem schönsten Inselstrand und *Vourkári* mit schmalen Stränden und den Ausgrabungen der bronzezeitlichen Siedlung *Agía Iríni* (2800–1500 v. Chr.; eingezäunt, nur von außen zu besichtigen).
Von den vier Städten Kéas aus der klassischen Antike blieb kaum etwas erhalten. Interessantestes Monument ist ein aus anstehendem Glimmerschiefer herausgearbeiteter, über 6 m langer archaischer Löwe (um 600 v. Chr.); seine Funktion ist unbekannt. Der Löwe steht am Rand der Inselhauptstadt *Joúlis,* die sich über mehrere Berghänge erstreckt. Im Archäologischen Museum an der Hauptgasse sind vor allem Funde aus der antiken Stadt Karthéa und aus Agía Iríni zu sehen.
In Joúlis wird am Abend des Pfingstsonntags ein traditionelles Kirchweihfest mit Musik und Tanz gefeiert; am 14./15. August ist das Kloster *Panagía Kastrianí* an der Nordostküste Ziel einer Wallfahrt der Insulaner.

Kíthnos ②

Kíthnos (99 km², 1620 Ew.) besteht aus vier Dörfern und mehreren kleinen Sommer- und Feriensiedlungen. Die Fährschiffe und Tragflügelboote laufen den Hafen *Mérichas* mit dem größten Inselhotel und zahlreichen Privatzimmern an. Von hier führt eine Asphaltstraße über die *Chóra* ins Thermalbad *Loutrá,* wo schon König Otto I. und Königin Amalia kurten, eine zweite über das große Binnendorf *Driopís* zur Sommersiedlung *Kanála* mit ihrer Wallfahrtskirche. Die Chóra und Driopís sind sehr ursprünglich gebliebene Kykladendörfer (keine Fremdenzimmer).
Die schönsten Inselstrände liegen abseits der Straße von Mérichas zur Chóra. Der von *Episkopí* ist auch über eine Staubstraße zu erreichen; zum Strand von *Stin Kolónna* gelangt man nur per Boot oder zu Fuß.

Sérifos ③

Sérifos (73 km², 1100 Ew.) ist eine deutlich dreigeteilte Insel. Der Siedlungsschwerpunkt liegt beim Hafen- und Urlaubsort *Livádi* sowie der mittelalterlichen *Chóra.* Ein Linienbus verbindet beide Orte miteinander. Südlich von Livádi liegen die Sommersiedlung *Rámos* und der Strand von *Livadáki* mit schönem Campingplatz; eine Staubstraße führt von Livádi zu mehreren einsamen Sandstränden, wie *Ágios Sóstis* und *Psilí Ámmos* (FKK).
In der Chóra steigt man durch typisch kykladische Gassen hinauf zum Burgberg mit prächtigem Rundblick. Von der venezianischen Burg blieben nur geringe Mauerreste erhalten; an ihrer Stelle steht die Kapelle des Ágios Konstantínos. Auf der anderen Seite des Burgbergs wurde eine der ältesten Inselkirchen, dem Evangelisten Johannes geweiht, teilweise in den Fels hineingebaut. Ein schönes Relief über dem Eingang zeigt ein altes Segelschiff.
Von der Chóra führt eine Asphaltstraße (außerhalb der Hochsaison nur Schulbusverkehr) in die drei Dörfer des Inselnordens. Im Weiler *Panagiá* ist die leider meist verschlossene, 1000 Jahre alte Kreuzkuppelkirche der Gottesmutter an der Platía sehenswert (großes Kirchweihfest am 14./15. Aug.). Im festungsartigen *Kloster Taxiarchón* (16. Jh.), der Hauptattraktion dieses Teils der Insel, sind die Holzschnitzarbeiten an der Ikonostase und das Epitáphios – ein rotes Samttuch, auf dem mit Gold- und Silberfäden die Grablegung Christi dargestellt ist (1896) – bemerkenswert.
Wenig attraktiv ist der Inselwesten, in dem bis 1965 Eisenerz abgebaut wurde.

Sífnos ④

Der Hafenort der Insel (73 km², 1950 Ew.) ist *Kamáres* mit kleinen Hotels, Pensionen und Campingplatz. Der gute Sandstrand ist wegen des sanft abfallenden Ufers für Kleinkinder bestens geeignet. In Kamáres gibt es mehrere Keramikgeschäfte, manche mit Töpferwerkstätten. Weitere Töpfereien sind in *Fáros, Platís Jalós, Cherrónissos* und *Vathí* zu finden.
Apollonía, 6 km oberhalb von Kamáres gelegen, ist das Hauptdorf der Insel. An der zentralen Platía Iróon mit Volkskundlichem Museum (nur im Hochsommer geöffnet) beginnt die Old Market Street mit kleinen Geschäften und schönen Lokalen. Eine andere, stufenreiche Gasse führt von der Platía hinauf ins mit Apollonía zusammengewachsene *Artemón,* das zweitgrößte Dorf der Insel. Beide Orte eignen sich mit ihren kleinen Hotels und Pensionen gut als zentrales Quartier, da von dort aus alle anderen Inselorte leicht zu erreichen sind.
Die vier Linienbusse von Sífnos pendeln während der Saison von frühmorgens bis Mitternacht zwischen allen auf Asphaltstraßen erreichbaren Orten und Stränden. Sie fahren auch nach *Kástro.* Das denkmalgeschützte Dorf, bis 1836 Inselhauptstadt und noch bis ins 20. Jh. hinein Haupthafen von Sífnos, steht wie eine Festung auf einem 95 m hohen Felsrücken direkt über dem Meer. Wohnhäuser mit kleinen Fensteröffnungen und Schießscharten nach außen hin bildeten eine Art Stadtmauer, durch die fünf schmale Durchlässe ins Dorf hineinführten. In den schmalen Gassen stehen antike Sarkophage. Über den Haustüren sind venezianische Wappen angebracht. An mehreren Stellen sind Reste einer Akropolis aus dem 6. Jh. v. Chr. zu sehen.
An der Straße von Apollonía in den Inselsüden liegt *Katavatí.* Von hier aus kann man in etwa 2 Std. den 680 m hohen *Profítis Ilías* besteigen. Am Gipfel steht das unbewohnte und verschlossene *Kloster Profítis Ilías o Psilós,* im 12. Jh. über den Resten eines antiken Wachturms erbaut und am 19./20. Juli Schauplatz eines traditionellen Kirchweihfestes. Um hinaufzugelangen, geht oder fährt man von Katavatí aus etwa 400 m weit auf der Staubstraße nach Vathí. Dann zweigt nach rechts eine schmale Zementstraße ins Dorf hinein ab. An ihr steht nach etwa 150 m an einer Kirche ein unscheinbarer, nur griechisch beschrifteter Wegweiser zum Kloster, an dem der eigentliche Wanderweg beginnt.
Auf der Staubstraße nach Vathí beginnt auch eine Wanderung (einfacher Weg etwa 1 Std.) zu den Überresten einer prähistorischen Siedlung. Teile ihrer bis zu 4 m dicken Stadtmauer sind in der Umgebung der Ágios-Andréas-Kapelle zu finden, die auf dem 417 m hohen *Andréas-*Berg rechts oberhalb der Straße steht.
Die asphaltierte Hauptstraße führt von Katavatí aus zu den kleinen Badeorten Fáros (nur bescheidene Strände) und Platís Jalós (langer Sandstrand). Eine Stichstraße endet am *Kloster Chrissopigí,* 1650 auf einer kleinen, ins Meer vorspringenden Felszunge erbaut. Ein schönes Kirchweihfest wird hier am Vorabend des orthodoxen Himmelfahrtstages begangen. Ansonsten sind im Kloster heute nur noch ein Keramikgeschäft und vier sehr einfache Fremdenzimmer zu finden. Die Felsen unterhalb des Klosters sind wie der benachbarte Sandstrand ein beliebter Badeplatz.
Der schönste Strand der Insel beim Weiler Vathí ist nur über eine Staubstraße (kein Busverkehr) oder per Badeboot von Kamáres aus zu erreichen. Auch dort werden in einem ehemaligen Kloster unmittelbar am Ufer, dem *Moní ton Taxiarchón* aus dem 16. Jh., einige Zimmer vermietet. Ein weiterer, nur per Boot oder über staubige Piste anzusteuernder Strand liegt im Norden der Insel, bei Cherrónissos.

Maßstab 1:300 000 — 0 2 4 6 8 10 km

Rucksacktouristen sind nicht nur im Hafen von Íos häufig anzutreffende Kykladenbesucher.

Inselhopping rund um Santorin

Santorin ist weltweit einzigartig. Einst lag hier ein mächtiger Vulkan. Vor 3500 Jahren explodierte er, begrub eine blühende minoische Stadt unter Bims und Asche und hinterließ eine riesige Caldera, in die das Meer einbrach. Nur einige Teile des Kraterrands blieben stehen: Santorin und dessen kleine Schwesterinsel Thirassía. Im Blickfeld von Santorin liegen zwei weitere, ganz unterschiedliche Inseln: Íos, Insel der Jugend und der Diskotheken, und Anáfi, Hort der Ruhe und Ursprünglichkeit.

△ Auch in der nächtlichen Skyline von Fira . . .

. . . ist die moderne Kathedrale unübersehbar ▽

△ Die Weine von Santorin sind hervorragend

△ Wenn bei Fira die rote Sonne . . .

. . . im Meer versinkt ▽

Wenn sich die Fähre von Piräus her Santorin nähert, steht fast jeder Passagier an Deck. An Steuerbord ziehen die wenigen Häuser von Ríva vorbei, dem winzigen Hafen des Eilands Thirassía. An Backbord folgt das Auge dem Zickzackweg, der von der kleinen Hafenbucht Ammoúthi über 290 Stufen nach Oía hinaufführt, dem nördlichsten Dorf von Santorin.
Jetzt läuft das Schiff in die Caldera ein. Zur Linken steigen die Kraterwände bis zu 330 Meter hoch fast senkrecht aus dem Meer auf. Unmittelbar auf der Kammlinie des Kraterrands ziehen sich kilometerweit die weißen Häuser und Kirchen der santorinischen Dörfer entlang. Zur Rechten wiederholt sich das Bild im Kleinformat, zeugen die Häuser des Dorfes Manolás auf Thirassía davon, daß auch dessen Bewohner den Blick in den Abgrund nicht scheuen.

Bald passiert die Fähre den Hafen von Fíra, der Hauptstadt Santorins. Nur kleinere Yachten haben an seinem Kai festgemacht. Die großen Kreuzfahrtschiffe liegen an Tonnen vertäut – um zu ankern, ist die Caldera mit 390 Metern zu tief. Eine Seilbahn und ein Eselsweg führen ins Städtchen hinauf, das König Ludwig I. von Bayern im 19. Jahrhundert ins Schwärmen brachte: ›So kühn, so hoch, so senkrecht, so atemlos phantastisch liegt kaum eine andere Stadt der Welt.‹
Auf der Steuerbordseite ziehen jetzt die beiden völlig kahlen, menschenfeindlichen Kaiméni-Inseln vorbei. Schließlich macht die Fähre am Kai des Athínios-Hafens unmittelbar unter der Steilküste fest. Eine atemberaubende Straße führt von hier in zahlreichen Serpentinen nach oben, wo Santorin plötzlich ein ganz neues Gesicht offenbart.

Nach außen fällt Santorin mehr oder minder sanft zur Küste hin ab. Hier ist die Insel grün, sind die Ufer von Stränden gesäumt.
Steht man am Kraterrand und blickt nach allen Seiten, kann vor dem inneren Auge ein Bild entstehen, das Santorin vor der großen

△ Santorin: Kraterrandpanorama mit Kreuzfahrtschiff

Oias Kirchplatz ▽

Alte Höhlenwohnungen: Hotel ›Oia Village‹ ▽

△ Über Kirchen und Felsküsten hinweg in die blaue Ägäis – ein Kykladenblick par excellence

△ Oia im Norden von Santorin . . .

. . . braucht den Vergleich mit Fira nicht zu scheuen ▽

Naturkatastrophe zeigt. Aus der Ägäis stieg damals eine fast kreisrunde Insel auf, ein einziger, mächtiger Schildvulkan wie noch heute Vesuv und Fudschijama. Die Außenküsten Santorins und Thirassías sowie des unbewohnten Inselchens Aspronissi markieren seine Umrisse. Der Gipfel soll zwischen 600 und 1800 Meter hoch gewesen sein.
Um 1600 v. Chr. explodierte der Vulkan. Fast die Hälfte der Insel wurde in die Luft gesprengt. Die Eruptionssäule aus Asche und Gas stieg 36 Kilometer hoch; die Eruptionswolke verdunkelte den Himmel und bescherte der gesamten nördlichen Halbkugel eine Kältewelle. In den immer weiter einstürzenden Krater brach schließlich das Meer ein. Was von Santorin stehenblieb, verschwand unter einer bis zu 60 Meter mächtigen Bimsstein- und Aschedecke.

Unter einer nur 15 Meter dicken Schicht begraben waren die Überreste einer bronzezeitlichen Stadt beim Dorf Akrotíri, die der griechische Archäologieprofessor Spyridón Marinátos 1967 entdeckte. In jährlichen Grabungskampagnen wird sie immer weiter freigelegt.
Das Ausgrabungsgelände ist anders als alles, was Hellas sonst zu bieten hat. Meist bestehen die archäologischen Stätten Griechenlands nur aus Grundmauern und Fundamenten. Wo mehr gen Himmel ragt, sind es Tempel und Theater. In Akrotíri aber sind bürgerliche Wohnhausfassaden bis zu drei Stockwerke hoch stehengeblieben. Man kann dort durch eine antike Stadt wandern, die stellenweise den Eindruck macht, als müßten nur Tische, Stühle, Wein und Brot wieder herausgestellt werden, um sie bewohnt erscheinen zu lassen.

Dabei sind die Ruinen von Akrotíri um 1000 und mehr Jahre älter als das meiste, was Archäologen sonst in Griechenland freilegten. Die Stadt entwickelte sich ab etwa 2000 v. Chr. und zeigt heute eine Momentaufnahme aus dem Jahr des Vulkanausbruchs. Fassaden und Kanalisation beweisen einen hohen technischen Standard. Das

△ Die Fresken aus Akrotiri sind heute im Athener Nationalmuseum zu sehen

Mitten im Krater von Santorin liegen die Kaiméni-Inseln ▽

△ Fischerfresko aus Akrotiri

△ Der Lavastrand von Kamári, dem bedeutendsten Badeort von Santorin

△ Akrotiri: Tempelbezirk des Artemidoros . . .

. . . und Heiligtum des Apollo Pythios ▽

Fehlen eines Palastes wie in Knossós auf Kreta und das Nebeneinander von großen Wohnhäusern mit Werkstätten, Läden und Lagerräumen im Erdgeschoß sowie großen, hellen Wohnräumen darüber beweisen die Existenz einer aristokratischen oder gar ›bürgerlichen‹ Gesellschaft, die wohl überwiegend vom Seehandel lebte.
In vielen Häusern fanden die Archäologen prächtige Fresken; sie sind jetzt im Archäologischen Nationalmuseum in Athen ausgestellt. Sie zeigen boxende Knaben und herumtollende Affen, Lilien und Papyruspfanzen, eine Jünglingsprozession mit Opferstier und – als Höhepunkt – eine Expedition auf dem Nil.

In den Ruinen von Akrotíri wurde – anders als im italienischen Pompeji – kein Skelett oder Abdruck eines Opfers gefunden. Auch Schmuck und Metallgegenstände fehlen völlig. Offensichtlich hatten schwere Erdbeben die Bewohner vor dem Vulkanausbruch gewarnt. Sie ergriffen mit ihrem wertvollsten Hab und Gut die Flucht.
Angekommen sind sie scheinbar nirgends, denn irgendwelche Einflüsse auf andere Kulturen sind nicht nachweisbar. Vielleicht überraschte sie das Unheil noch im Hafen; vielleicht versanken sie mit ihren Schätzen auf der Fahrt nach Kreta irgendwo im Meer.

Für die Santoriner von heute erweist sich die Katastrophe von damals als Segen. Noch bis 1990 förderte man im Tagebau Bimsstein. Zermahlen und im Verhältnis acht zu eins mit Kalk und Wasser vermischt, ergab er eine Art Zement, der unter Wasser erhärtete und dadurch ideal für Hafenbauten war. Auch beim Bau des Suezkanals war diese ›Santorinerde‹ gefragt.
Mehr als nur einen Ausgleich für die Einstellung der Förderung schafft inzwischen der Tourismus: Santorin dürfte die meistbesuchte Insel der Kykladen sein. Individualreisende bleiben freilich meist nicht sehr lange: Santorin ist teuer, das Preis-Leistungs-Verhältnis aus den Fugen geraten.

△ Ankunft der Fähre in Athínios

△ Vom Anleger unterhalb der Inselhauptstadt . . .

. . . kann man auf einem Maultier nach Fira hinaufreiten ▽

Fischlokal in Monólithos ▽

△ Santorins Fährhafen ist Athínios

Die Kreuzfahrtschiffe machen unterhalb von Fira an Bojen fest ▽

Noch ein Wirtschaftszweig erlebt einen Aufschwung: die Weinproduktion. Santorins vulkanischer, nährstoffreicher Boden speichert die geringe Feuchtigkeit gut. Er bringt hervorragende Trauben hervor, die allerdings höchst eigenartig wachsen: Die Weinstöcke sind dicht über dem Boden kreisförmig geflochten. So sind sie den Winden weniger ausgesetzt und zugleich näher am feuchtigkeitsspendenden Bims.

Die Weinlese beginnt Ende August. Früher wurden die Trauben anschließend mit bloßen Füßen gepreßt; heute ist das nur noch ein Touristenspektakel. Santorins moderne Kellereien sind Fabriken wie anderswo auch. Und auch die Konsumgewohnheiten haben sich geändert: Während man Santorins Weine noch vor 20 Jahren überwiegend für wenig Geld aus dem Faß ausschenkte, werden sie mittlerweile anspruchsvoll ausgebaut und fast nur noch in Flaschen offeriert. Die traditionellen Sorten Visánto (süßer Weißwein), Broúsko (trokkener Rotwein) und Niktéri (trokkener Weißwein) verbergen sich heute hinter Phantasienamen wie ›Lava‹ und ›Santorini‹. Zwei Firmen beherrschen den Markt: das in ganz Griechenland tätige Privatunternehmen Boutári und Sántos Wines, eine Kooperative örtlicher Weinbauern.

Wer durch die Dörfer Santorins schlendert, wird noch immer Hausruinen finden. Sie zeugen vom letzten schweren Erdbeben, das die Insel 1956 erschütterte. Es vernichtete etwa 40 Prozent aller Gebäude; 40 Menschen kamen ums Leben. Für die Obdachlosen wurden Neubauten aus dem Boden gestampft, die man heute stellenweise noch sieht: ganze Ketten von kleinen Bauten mit den auch früher für Santorin typischen Tonnengewölben.

Am schlimmsten vom Erdbeben betroffen war das Dorf Oía im Inselnorden. Heute ist es ein wahres Schmuckstück, ebenso aufregend schön wie der Hauptort Fíra, aber wegen fehlender Kreuzfahrttouristen weitaus ruhiger und ursprünglicher. Hier kann man in Höhlenwohnungen Urlaub machen, die

△ *Weingärten überziehen Santorin*

△ *Hochzeit in Oia*

△ *Blick von Manolás Richtung Santorin*

Fisch frisch vom Grill – in Manolás auf Thirassía ▽

△ Am Ufer unterhalb von Manolás

Weinkellerei in Mésa Goniá auf Santorin ▽

unmittelbar in den Kraterrand hineingebaut sind.
Früher lebten viele Insulaner in solchen Höhlen, die durch Blendfassaden und Vorbauten nicht sofort als solche erkennbar sind. Heute dienen sie wie in Oía als stimmungsvolle und nicht ganz preiswerte Hotels oder stehen leer wie in Mésa Goniá bei Kamári und Agriliá auf Santorins Schwesterinsel Thirassía.

Nur 20 Bootsminuten braucht man von Oía nach Thirassía; eine Stunde ist die kleine Autofähre von Santorins Athínios-Hafen bis Ríva unterwegs. Doch beide Inseln trennen Welten: Während auf Santorin der Tourismus tobt, läßt sich auf Thirassía kaum ein Fremder blicken. Besucher kommen höchstens im Rahmen von Bootsausflügen in die Caldera. Die zwei Stunden Aufenthalt nutzt man zum Baden und zum Essen im zweiten Weiler am Meer, Korfós.
Das einzige Inselhotel mit seinen 20 Zimmern und einem Meerwasserpool steht fast immer leer. Die ausländischen Reiseveranstalter schreckt die Unzuverlässigkeit der Bootsverbindungen. Die santorinischen Reisebürobesitzer haben kein Interesse an Thirassía als Urlaubsort, weil man dort im Gegensatz zu Santorin keine gewinnträchtigen Busausflüge anbieten kann.

Dabei ist Thirassía wie ein verkleinertes Spiegelbild Santorins. Der Hauptort Manolás zieht sich wie Oía und Fíra hoch über dem Meer am Kraterrand entlang. Zur Außenseite hin fällt Thirassía relativ sanft und fruchtbar ab.
Noch immer werden hier die winzigen süßen Tomaten angebaut, die früher auf Santorin in zehn Fabriken zu Tomatenmark verarbeitet wurden. Für den Eigenbedarf reicht der heimische Wein. Überall auf den Feldern bezeugen Dreschplätze, daß hier einst intensiv Getreide angebaut wurde. Verwilderte Feigenbäume säumen die Wege, von denen nur einer asphaltiert und für Autos geeignet ist.
Thirassía bildet eine echte Alternative zu Santorin für all die, die Ruhe und Ursprünglichkeit zu schätzen wissen.

△ Ansichten von Íos: Strandrummel an der Milopótas-Bucht, . . .

. . . die Wassersportecke Jalós . . . ▽

. . . und Bummelgasse in der Chóra von Íos-Stadt ▽

Ein inseltypisches Ensemble: unten der Hafen, oben das Hauptdorf Chóra – hier auf Anáfi ▽

△ Íos: Die einen mögen vor allem die lebendige Chóra, ... andere die romantische Stille eines Sonnenuntergangs ▽

Eine Oase der Ruhe ist auch das kleine Anáfi östlich von Santorin, ein schönes Wanderziel dort das – unbewohnte – Kloster von Káto Kalamiótissa. Es steht an der schmalsten Stelle der Insel unmittelbar neben einem Steilabfall am Meer und wurde erbaut über den Resten eines antiken Apollo-Tempels, dessen gut erhaltene Grundmauern von prächtigen Opuntien überwuchert sind.
Der Bauplatz ist für Griechenland nicht ungewöhnlich. Vor allem in frühchristlicher Zeit setzte man gern Kirchen und Klöster an Stellen, an denen zuvor heidnische Götter verehrt worden waren. So konnten die Menschen weiterhin an ihre traditionell heiligen Orte ziehen, an denen nun ein christliches Gotteshaus den Sieg der neuen über die alte Religion verkündete.

Von neuen Zeiten kündet auch Íos, Santorins Nachbarinsel im Norden. Alte Frauen mit Kopftuch und schwarzem Kleid schauen vor ihren Häusern staunend den Urlaubern nach, die für traditionelle Vorstellungen nahezu nackt durch die Gassen ziehen. Auf dem Dorfplatz, einst Treffpunkt der Männer, sitzen nur noch Fremde. Aus den Lautsprechern der Bars und Restaurants erklingt kaum noch eine griechische Melodie. Griechen, die in den Lokalen etwas bestellen wollen, müssen einer Fremdsprache mächtig sein, denn die Bedienung stammt fast immer aus dem Ausland. Landwirtschaft wird fast gar nicht mehr betrieben; aus Bauern sind Zimmervermieter, Hoteliers, Reisebüroinhaber und Wirte geworden.
Man mag es beklagen, daß Íos seiner Identität beraubt, zur schönen Kulisse verkommen ist. Die meisten Insulaner sind allerdings damit zufrieden. Für viele wäre die Alternative gewesen, zur See zu fahren und lange von den Familien getrennt zu sein oder ganz von der Insel abzuwandern. Und wer dennoch kein Stammgast werden möchte, kann ja eine andere, ursprünglichere Insel wählen: Auf den Kykladen findet fast jeder, was er sucht.

40
56
66
Δριονήσι
Κουφονήσι
Pirgáki
Loúros
Ag. Ioánnis
Pirgos Himarrou
Pan. Arkoulou
Lakkoúdes
Korphi t'Aroniou
Spedós
Pánormos
Κάσος Πανέρμου
Κάσος Παστούρας
Κατομέρι
Náxos
N. Donoussa
N. Koufonisi
N. Κουφονήσι
Γλαρονήσια
N. Kato Koufonisi
N. Κάτω Κουφονήσι
N. Kéros
N. Κέρος
Gerani
Daskalio
N. Nikouriá
N. Νικουριά
N. Skinoússa
N. Σχινούσσα
Panagiá
Παναγιά
N. Άργιλος
N. Άνω Αντίκερι
N. Κάτω Αντίκερι
Άγιος Γεώργιος
Spileo Stalaktiton
Iráklia
Ηράκλεια
N. Iráklia
N. Ηράκλεια
Kapros
AMORGÓS
Αμοργός
Katápola
Κατάπολα
Minóa
Λευκές
Vaisamitis
N. Γραμβούσα
Kastri
Vroútsis
Βρούτσης
Ág. Paraskeví
Καλοταρίτισσα
Καμάρι
Arkesíni
Αρκεσίνη
Κόραξας
N. AMORGOS
N. ΑΜΟΡΓΟΣ
Γέρο Άγγελή
Αγία Θεοδώτη
Ερημίτης
Paleokastro
Prof. Ilías
Ψάθη
N. IOS
N. ΙΟΣ
Paros
Agia Irini
IOS (Chóra)
Milopótas
Μυλοπότας
Πύργος
Πόντας
Βορεινό
Sikinos
Tris Kliesies
Μαγγανάρι
Ormos Manganari
Αχλάδες
N. ANIDROS
N. ΑΝΥΔΡΟΣ
N. Folégandros
Thirassia
Θηρασία
Finikia Beach
Mégalo Vouno
N. THÍRA (SANTORÍNI)
N. ΘΗΡΑ
Oía
Οία
Φοινικιά
Riva
Potamós
Ποταμός
Manolás
Μανωλάς
Imerovígli
Ημεροβίγλι
Vourvoúlos
Βουρβούλος
FIRA
Φηρα
Skála
Kaldera
Monólithos
Μονόλιθος
Karterádos
Καρτεράδος
Mesariá
Μεσαριά
Exo Gonia
Έξω Γωνιά
Episkopi Gonias
Επισκοπή Γωνιάς
Kamári
Καμάρι
N. Pal. Kaiméni
Asproníssi
Ασπρονήσι
Athinios
Megalohóri
Μεγαλοχώρι
Pírgos
Πύργος
Profítis Ilías
ALT-THÉRA
Akrotíri
Ακρωτήρι
Red Beach
AKROTÍRI
(3000-1500 v. Chr.)
Embório
Εμπόρειο
Périssa
Πέρισσα
Eleysis
Iráklion (Kreta)
Ródos
N. ANÁFI
N. ΑΝΑΦΗ
Βίγλα
Kastélli (ANAPHE)
Káto Kalamiótissa
Καλαμος
ANÁFI (Chóra)
Ανάφη
Ormos Kálamos
Kalamiótissa
Agios Nikólaos
Sitia
Νότος Φτενά
N. PAHIA
N. ΠΑΧΕΙΑ
N. MAKRA
N. HRISTIANI
N. ΧΡΙΣΤΙΑΝΗ

Wo gibt es was?

Fähnchennummer = Textnummer

Íos ①

Auf Íos (108 km², 1650 Ew.) legen die Schiffe in *Órmos Íou* an, das von frühmorgens bis spät in die Nacht durch Linienbusse mit dem nur fünf Fahrminuten entfernten, 140 m hoch gelegenen Hauptdorf *Chóra* verbunden ist. Die Chóra ist architektonisch ein Kykladendorf par excellence, jedoch völlig auf trink- und musikfreudigen Tourismus eingestellt. Unter den Urlaubern dominieren junge Leute; das Angebot ist auf ihre Wünsche und Bedürfnisse zugeschnitten.
Hauptbadebucht ist der *Órmos Milopótas* auf der anderen Seite der Chóra. Zum *Manganári-Strand* im Südosten der Insel (Privatzimmer, Bungalow-Hotel) fahren täglich Badeboote.

Thirassía ②

Thirassía (9 km², 250 Ew.) ist eine ganz ruhige Insel ohne besondere Sehenswürdigkeiten. Wer sie von Santorin aus mit der Autofähre ›Theoképasti‹ besucht, kann kostenlos Moped oder Auto mitnehmen oder eine kurze Busrundfahrt machen. Zu anderen Zeiten gibt es keine öffentlichen Verkehrsmittel.
Hauptdorf ist *Manolás* am Kraterrand (Tavernen, Hotel). Das zweite Inseldorf, *Potamós,* liegt im Inselinnern. Im Weiler *Agriliá* lebt nur noch eine alte Frau; die zahlreichen Höhlenwohnungen hier sind von Opuntien und Geranien überwuchert. In allen drei Orten stehen Kirchen mit bunt bemalten Fassaden.

Santorin ③

Die Häfen der Insel (griechisch: Santoríni oder Thíra; 76 km², 9300 Ew.) liegen nicht an der flach abfallenden Küste, sondern im Krater. Die Linienschiffe machen in *Athínios* fest, wo auch Autos entladen werden können. Von hier aus verkehren zu jeder Ankunft/Abfahrt Linienbusse und Taxis. Zahlreiche Hotels und Pensionen sowie die beiden Campingplätze der Insel entsenden Transferbusse zu den Schiffsankünften, wenn sie Zimmer bzw. Stellplätze frei haben. Kreuzfahrtschiffe werden an Bojen unterhalb der Inselhauptstadt *Fíra* vertäut. Die Passagiere werden ausgebootet und gelangen zu Fuß, per Maultier oder mit der Seilbahn nach Fíra hinauf.
In Fíra konzentrieren sich die meisten Geschäfte – überwiegend Juweliere – entlang der Kraterrandgasse. Unterhalb dieser Gasse findet man die am spektakulärsten gelegenen Hotels (z. B. ›Vila Renos‹, ›Panorama‹), Bars (›Scirocco‹, ›Franco's‹) und Restaurants (am besten das ›Selene‹ hinter dem Hotel ›Atlantis‹). Bedeutendstes Einzelgebäude ist die moderne, Mariä Lichtmeß geweihte Kathedrale an der Kraterrandgasse. Sehenswert sind das Archäologische Museum (vor allem Funde aus Alt-Thera) und das Mégaro-Gízi-Museum (Inselvergangenheit vom 15. bis zum 20. Jh.). Ein neues Museum, das Funde aus Akrotíri präsentieren soll, ist nahe der Platía in Bau; die Insulaner fordern, daß dort auch die Fresken ausgestellt werden, die jetzt noch im Athener Nationalmuseum zu sehen sind. Das moderne Kongreßzentrum von Fíra wird für wechselnde Ausstellungen genutzt und ist Schauplatz des Internationalen Musikfestivals von Santorin (Ende Aug.–Mitte Sept., überwiegend Klassik).
Von Fíra aus kann man – meist unmittelbar am Kraterrand entlang – in etwa 4 Std. gemächlich nach Oía wandern. Unterwegs passiert man das Frauenkloster *Ágios Nikólaos* (klingeln, wenn zwischen 8 und 12 sowie 14.30 und 17 Uhr geschlossen), das schöne Dorf *Imerovígli* und die auf einem Felsvorsprung über dem Krater gelegene venezianische Burgruine *Skáros.*
Oía ist ebenso schön wie Fíra, wird aber weniger stark besucht, da die Kreuzfahrturlauber hier nicht herkommen. Die zentral gelegene Dorfkirche Panagía i Platsaní ist innen vollständig mit Fresken bedeckt. Im kleinen, privaten Seefahrtsmuseum (mi–mo 9–13 und 17–20 Uhr) wird die Schiffahrtsgeschichte der Insel lebendig. Man kann in den Höhlenwohnungen, die in den Kraterrand hineingebaut sind, nächtigen (z. B. im Hotel ›Oia Village‹) und über Treppen zum Baden in die südlich gelegenen kleinen Buchten *Arméni* und *Ammoúthi* hinabsteigen. Eine Straße führt von Oía hinab zum wenig besuchten *Finíkia Beach* auf der flachen Inselseite (heller Grobsand vor niedriger, zerklüfteter Steilküste).
Bedeutendster Badeort der Insel ist *Kamári* mit zahllosen Hotels und dunklem Lavasandstrand (großes Wassersportangebot). Von Kamári führt eine Serpentinenstraße in etwa 45 Gehminuten hinauf zu den Ausgrabungen von *Alt-Thera.* Hier liegen auf einem an drei Seiten steil zum Meer hin abfallenden Bergrücken die zumeist hellenistischen Überreste einer antiken Stadt. Um 900 v. Chr. von Dorern aus Sparta erstmals besiedelt, wurde die Siedlung im 3. Jh. v. Chr. Garnisonsstadt für ägyptisch-ptolemäische Truppen. 146 v. Chr. eroberte Rom Santorin. In byzantinischer Zeit gab man die Stadt auf.
Noch bedeutender und eindrucksvoller sind die Ausgrabungen der minoischen Stadt bei *Akrotíri* (2000–1600 v. Chr.). Von dort aus sind es nur etwa 1200 m bis zum schönen *Red Beach* (rötlich schimmernder Sandstrand vor intensiv roter Steilküste).
Sehenswert sind auch zwei Dörfer im Inselinneren: *Pírgos,* das höchstgelegene Inseldorf (350 m) mit einer venezianischen Burgruine, und *Embório* mit einem wehrhaften Wohnturm aus dem 11. und12. Jh. Die bedeutendste Kirche der Insel ist die *Panagía Episkopí* bei Kamári aus dem 12. Jh. (von der Hauptstraße aus ausgeschildert). Den schönsten Blick über die Insel bietet der 566 m hohe *Profítis Ilías,* auf dem ein gleichnamiges Kloster steht. Es beherbergt ein sehr anschaulich gestaltetes Volkskundliches Museum, das allerdings derzeit wegen Personalmangels geschlossen ist. Vom Profítis Ilías kann man in etwa 90 Min. hinunterwandern zu den Ausgrabungen von Alt-Thera und weiter in die Badeorte Kamári und *Périssa.*
Mehrere Weinkellereien der Insel laden zu Besichtigungen und Weinproben ein: die modernen Betriebe Boutári und Sántos Wines an der Straße von Fíra nach Akrotíri sowie die kleineren Unternehmen Volcan Wines und Cáva Roússos an der Straße von Fíra nach Kamári.
Kleine Ausflugsboote fahren von Oía und dem Anleger unterhalb von Fíra zu den unbewohnten *Kaiméni-Inseln* mitten im Krater. Auf einem scharfkantigen Lavapfad kann man dort in etwa 25 Min. zu einem erst 1928 entstandenen Krater wandern, aus dem noch Schwefeldämpfe aufsteigen. An einer anderen Stelle ist ein Bad im hier von heißen Quellen erwärmten Meer möglich. Außerdem werden Hubschrauberrundflüge über Santorin angeboten.

Anáfi ④

Von der kleinen Hafensiedlung *Ágios Nikólaos* führt eine Straße hinauf in den einzigen Ort der Insel (38 km², 260 Ew.), die *Chóra.* Mit den alten, weißen Häusern und den engen Gassen vermittelt sie noch einen guten Eindruck eines ursprünglichen Kykladendorfs. Sie wird von einem kleinen Fels überragt, auf dem einst die venezianische Burg stand. In der Chóra und in der Hafensiedlung werden Privatzimmer vermietet.
Vom Hafen kann man am Ufer in östlicher Richtung zu zwei schönen Sandstränden laufen (Tavernen und Zeltmöglichkeiten). Boote fahren von hier in den Sommermonaten an die Strände der *Kálamos-Bucht.* Sie kann man in etwa 90 Gehminuten auch zu Fuß auf schmalen Pfaden von der Chóra aus erreichen. Oberhalb der Bucht steht über den gut erhaltenen Grundmauern eines Apollon-Tempels (4. Jh. v. Chr.) das heute aufgegebene Marienkloster. Von hier führt ein Pfad auf die 396 m hohe Kálamos-Halbinsel. Vom Marienkirchlein *Panagía Kalamiótissa* auf dem Gipfel blickt man weit über die Ägäis.

Maßstab 1:300 000 — 0 2 4 6 8 10 km

Touristik-Informationen

Adressen

In Deutschland: Griechische Zentrale für Fremdenverkehr, Neue Mainzer Str. 22, 60311 Frankfurt/Main, Tel. 069/2365-61 bis -63, Fax 069/236576; Wittenbergplatz 3a, 10789 Berlin, Tel. 030/21762-62 u. -63; Abteistr. 33, 20149 Hamburg, Tel. 040/454498; Pacellistr. 2, 80333 München, Tel. 089/2220-35 u. -36.
In Athen: Auskunftsbüro der Griechischen Fremdenverkehrszentrale in der Ankunftshalle des East Terminals am Flughafen; hier sind auch Fahrpläne der Fähren zu den Kykladen erhältlich.
Auf den Kykladen: In den Haupt- oder Hafenorten aller größeren Inseln gibt es örtliche Informationsbüros, in denen zumindest englisch gesprochen wird. Auf den anderen Inseln kann man sich an die Polizei oder Hafenpolizei um Hilfe wenden. Deutsche Konsulate gibt es auf den Inseln nicht; bei Problemen wendet man sich am besten an die Botschaft der Bundesrepublik Deutschland in Athen (Odós Karaóli Dimitríou 3, Tel. 01/724801).

An- und Einreise

Linienflüge führen von mehreren Flughäfen in den deutschsprachigen Ländern nach Athen. Von dort aus fliegt Olympic Airways weiter nach Mílos, Mykonos, Náxos, Páros, Santorin und Síros. Santorin und Mykonos sind auch von Heraklion auf Kreta und von Rhodos aus mehrmals wöchentlich erreichbar; beide Inseln werden auch untereinander durch Turboprop-Maschinen verbunden. Im Sommerhalbjahr sind Mykonos und Santorin ebenfalls per Charter aus Deutschland erreichbar.
Fähren verbinden Piräus, den Hafen Athens, mit allen Kykladeninseln außer Ándros und Kéa. Zahlreiche Inseln erreicht man im Sommer auch mit dem schnelleren (und teureren) Tragflügelboot. Fahrkarten werden am Hafen verkauft. Bei der Rückfahrt sollte man vorsichtshalber eine Übernachtung in Athen einplanen, da die Fähren auch im Hochsommer häufig wegen starker Winde Verspätungen von mehreren Stunden haben.
Für die Einreise nach Griechenland genügt der Personalausweis; Kinder benötigen einen Kinderausweis (ab 10 Jahren mit Lichtbild).

Camping

Wild zu zelten ist verboten, aber dennoch auf vielen Inseln üblich. Campingplätze gibt es auf fast allen Inseln; der Standard ist jedoch niedrig. Im Sommer ist es auf den meisten Plätzen auch möglich, ohne Zelt im Schlafsack unter freiem Himmel zu übernachten.

Essen und Trinken

Selbst auf den kleinsten der Kykladen ist für Verpflegung gesorgt. Einen Gemischtwarenladen gibt es überall, auf den größeren Inseln auch moderne Supermärkte. Restaurants und Tavernen findet man wie Sand am Meer.
In allen Restaurants liegen Speisekarten aus, meist griechisch-englisch. Es ist also möglich, nach der Karte auszuwählen – aber zum einen versteht man meist die vielen handschriftlichen Zusätze nicht, zum anderen kann man sich unter manchen Namen nichts vorstellen. Der Ausländer geht darum am besten direkt an den Warmhaltetresen oder – nach kurzem Fragen – in die Küche. Da kann man sich anschauen, was es gibt, und auch gleich bestellen.
Von allem, was man ordert, bekommt man immer einen ganzen Teller voll. Wer also beispielsweise Fleisch und zwei Sorten Gemüse will, hat plötzlich drei Teller vor sich stehen. Nur Kartoffeln, Pommes frites oder Nudeln werden in der Regel als Beilage zu Fleisch und Fisch automatisch serviert. Ohne besondere Aufforderung kommt immer Weißbrot zum Essen, das auch dann bezahlt werden muß, wenn man es nicht angerührt hat.
Zu den auch auf den Kykladen häufig zu findenden Spezialitäten der griechischen Küche zählen die Aufläufe Moussakás (Auberginen, Kartoffeln, Hackfleisch) und Passtítsjo (Makkaroni, Hackfleisch), Jemistés (mit Reis und teilweise auch Hackfleisch gefüllte Tomaten und Paprika) sowie der Bauernsalat Koriátiki. Frischer Fisch wird fast überall angeboten. Der Preis richtet sich nach dem Gewicht und ist meist höher als in Deutschland. Um Mißverständnissen vorzubeugen, sollte man beim Abwiegen dabei sein und sich auch gleich den Preis notieren lassen.
Das griechische Nationalgetränk ist Kaffee, der in kleinen Mokkatassen serviert wird. Beim Bestellen muß man immer den gewünschten Süßegrad angeben: skétto – ohne Zucker; métrio – mit etwas Zucker; glikó – mit viel Zucker. Dazu trinkt man ein Glas Wasser.
Die international bekannten Soft-Drinks sind weit verbreitet. Mehrere große Brauereien aus Deutschland, Holland und Dänemark haben in Griechenland Zweigniederlassungen; auch Faßbier findet immer mehr Verbreitung. Wein wird auf nahezu allen Inseln angebaut, ist aber nur selten vom Faß erhältlich. Als Aperitif, aber auch als Getränk zum Essen genießen Griechen den Anisschnaps Oúzo. Man trinkt ihn pur oder mit Wasser verdünnt.
Bestellt man die Rechnung, bringt der Kellner sie meist gleich für den ganzen Tisch. Griechen bezahlen fast nie getrennt – einer übernimmt die Rechnung für alle. Bezahlen muß man auf jeden Fall, auch wenn das Essen nur lauwarm war: Die Griechen lieben es so. In modernen Restaurants wird das Essen für Urlauber aber zunehmend vor dem Servieren in Mikrowellenherden noch einmal heiß gemacht. Als Trinkgeld läßt man etwa zehn Prozent des Rechnungsbetrages auf dem Tisch liegen.

Familienurlaub

Die Griechen sind zwar sehr kinderfreundlich; spezielle Einrichtungen für Kinder wie Babystühle, Kindermenüs oder Kindersitze in Mietwagen fehlen jedoch. Dreibettzimmer sind leicht erhältlich, Vierbettzimmer hingegen Mangelware.

Feste und Feiertage

Ostern ist in Griechenland das bedeutendste Fest. Der Ostertermin richtet sich nach dem Julianischen Kalender und weicht meist von unserem ab. Eindrucksvoll sind die Prozessionen am Abend des Karfreitags und der Gottesdienst, der am späten Abend des Ostersamstags beginnt.
Mit Musik und Tanz wird auf den meisten Inseln der Tag Mariä Entschlafung am 15. August gefeiert. Schulkinder in Nationaltracht sieht man an den beiden Nationalfeiertagen, dem 25. März und dem 28. Oktober, als Teil einer Prozession, deren Ziel die Gefallenendenkmäler der Städte und Dörfer sind.

Geld

Griechische Währungseinheit ist die Drachme. Im Umlauf sind Banknoten zu 50, 100, 500, 1000 und 5000 Drs. sowie Münzen zu 1, 2, 5, 10, 20, 50 und 100 Drs. Der Wechselkurs ist in Griechenland besser als bei deutschen Banken.
Euro- und Reiseschecks werden in allen Banken und Postämtern eingetauscht. Die Bargeldautomaten der National Bank akzeptieren deutsche EC-Karten, wenn man seinen PIN-Code kennt. Die gängigen internationalen Kreditkarten (vor allem Visa und Eurocard) werden in vielen touristischen Einrichtungen akzeptiert. Postsparbücher sind in Griechenland unbrauchbar.

Gesundheit

Zwischen der Bundesrepublik Deutschland und Griechenland besteht ein Sozialversicherungsabkommen. Da die Umtauschprozedur für den Auslandskrankenschein aber langwierig ist und die Kassenärzte meist überlastet sind, empfiehlt sich der Abschluß einer Auslandskrankenversicherung für die Reisedauer. Ärzte und Apotheken gibt es auf allen Inseln. Ihre technische Ausrüstung ist meist mangelhaft; bei ernsthaften Unfällen und Erkrankungen empfiehlt sich die Heimreise.

Kirchen und Klöster

Schultern und Knie müssen bei Kirchen- und Klosterbesuchen bedeckt sein. In den meisten Klöstern halten Mönche oder Nonnen zwischen etwa 13 und 17 Uhr Mittagspause und wollen nicht gestört werden. Viele Kirchen sind außerhalb der Gottesdienstzeiten verschlossen, da man Ikonendiebstähle fürchtet. Die Frage nach dem Schlüssel lautet auf griechisch: ›Pu íne to klidí ja tin ikklisía, parakaló?‹

Museen und Ausgrabungen

Montags sind Museen und archäologische Stätten ebenso geschlossen wie Neujahr, am 25. März, am Vormittag des Karfreitag, am Ostersonntag, 1. Mai und 25./26. Dezember. Sonst sind sie in der Regel von 8.30 bis 15 Uhr geöffnet.
Für den Besuch der meisten Museen und der bedeutenderen archäologischen Stätten wird ein Eintrittsgeld erhoben. Sonntags jedoch ist überall der Eintritt frei.

Öffentliche Verkehrsmittel

Auf allen Inseln außer auf den Erimonísia, Anáfi, Antíparos, Delos, Kímolos und Thirassía verkehren Linienbusse. Sie verbinden Hafen und Hauptort sowie den Hauptort und die Inseldörfer. Auf den größeren Inseln gibt es im Sommerhalbjahr auch Verbindungen zu verschiedenen Stränden.
Auch Taxis sind vorhanden. Sie stehen zu allen Schiffsankünften an den Häfen. Taxis ohne Taxameter überwiegen. Sie heißen Agoraíon. Hier wird der Fahrpreis nach Entfernung berechnet; eine Preis- und Kilometertabelle muß im Taxi ausliegen.
Mietwagen sowie -mopeds und -motorroller stehen auf allen größeren Inseln zur Verfügung. Die Preise sind relativ hoch.

Post und Telefon

Post und Telefon sind in Griechenland getrennte Institutionen. Postämter sind zahlreich; sie wechseln auch Geld und lösen Schecks ein.
Für das Telefonieren ist die Telefongesellschaft OTE zuständig. Wo sie keine Büros unterhält, kann man von bestimmten Kiosken und Kaffeehäusern aus zum offiziellen Tarif telefonieren. Andere Kioske erheben ebenso wie Reisebüros und Hotels Zuschläge, die bis zu 50 Prozent betragen dürfen. Münztelefone sind für Ferngespräche ungeeignet; Kartentelefone finden aber immer weitere Verbreitung. Telefonkarten sind außer bei OTE auch an vielen Kiosken erhältlich.
Vorwahlnummer nach Deutschland ist 0049; die Null der deutschen Ortsnetzkennzahl entfällt. Die ›Deutschland Direkt‹-Nummer der Telekom ist 00-800-4911.

Reisezeit

Im Meer baden kann man zwischen Mai und Oktober. Für Besichtigungen und zum Wandern eignen sich besonders April, Mai, September und Oktober.

Schiffsverkehr

Nahezu alle Schiffsverbindungen auf die Kykladen beginnen in Athens Hafen Piräus. Es gibt nur wenige Inseln, die man auch von Heraklion auf Kreta oder von Rhodos aus erreicht.
Die meisten Fähren laufen auf ihrer Route mehrere Inseln an, so daß sie sie auch untereinander verbinden. Die drei Hauptrouten sind Piräus-Síros-Tinos-Mykonos, Piräus-Síros oder Mykonos-Páros-Náxos-Íos-Santorin und Piräus-Kíthnos-Sérifos-Sífnos-Kímolos-Mílos-Folégandros-Síkinos-Íos-Santorin.
Kéa erreicht man am besten vom attischen Hafen Lávrion, Ándros vom ebenfalls attischen Rafína aus.
Während der Sommersaison verkehren auch zahlreiche kleinere Schiffe auf lokalen Routen. Ihre Fahrpläne erfährt man nur vor Ort, die der Hauptlinien bei der Griechischen Fremdenverkehrszentrale in Athen (siehe Adressen) und bei den Fahrkartenbüros in Piräus und auf den Inseln.

Souvenirs

Juweliere gibt es auf allen größeren Inseln. Auf Mykonos unterhalten Athener Modeschöpfer Filialen. Sífnos ist für seine einfachen Töpfereien bekannt, Síros für seine Geleefrüchte entfernt ähnlichen Loukoúmia und seine Halvadópitta. Auf Tinos gibt es Marmorwerkstätten und mehrere Ikonenmaler. Auf Náxos wird aus einer besonderen Zitronenart der Kítro hergestellt, den es als Schnaps und als Likör gibt. Santorin ist für seine Weine berühmt.

Sport

Für Wassersportler sind Mykonos, Páros und Náxos besonders geeignete Inseln (auch Surfschulen). Surfbrettmiete, Wasserski, Paragliding und Tretbootfahren werden auch auf anderen größeren Inseln während der Hochsaison angeboten. Das Flaschentauchen ist nur auf Mykonos gestattet. Golfplätze gibt es nicht. Über Tennisplätze verfügen nur wenige Hotels.

Sprache

Grundkenntnisse im Englischen und meist auch im Deutschen sind bei vielen Griechen vorhanden, die beruflich mit dem Fremdenverkehr zu tun haben. Hinweisschilder sind fast immer in griechischer und lateinischer Schrift gehalten. Bei der Aussprache des Griechischen ist auch bei Orts- und Inselnamen unbedingt auf die Betonung zu achten: Die betonte Silbe trägt einen Akzent auf dem Vokal.
Drei Wörter Griechisch sollte jeder beherrschen: parakaló – bitte; efcharistó – danke; kalí méra – guten Tag.

Unterkunft

Privatzimmer werden auf allen Inseln vermietet. Sie sind einfach eingerichtet, haben aber fast durchweg Dusche und WC. Kleine Pensionen und Hotels gibt es fast überall, Hotels der internationalen Luxuskategorie überhaupt nicht. Auf den größeren Inseln überwiegen Hotels der einfachen Mittelklasse.
Immer häufiger werden Apartments und Studios (Einraum-Apartments) angeboten. Die Kücheneinrichtung reicht in der Regel nur zur Zubereitung des Frühstücks und eines kleinen Imbisses. Ferienhäuser sind selten; sie werden durch örtliche Reisebüros vermittelt.
Vorausreservierungen sind außerhalb der Hauptsaison im Juli und August nicht nötig. An Häfen und Flughäfen stehen fast immer einige Zimmervermieter und Hoteliers, die Kapazitäten frei haben. Außerhalb der Hauptsaison ist es meist auch möglich, den offiziellen Zimmerpreis etwas herunterzuhandeln.

Wandern

Es gibt auf den Kykladen zwar keine ausgeschilderten Wanderwege, aber gute Wandermöglichkeiten auf wenig befahrenen Feldwegen und wildromantischen Hirtenpfaden. Kopfbedeckung und Wasserflasche gehören zur Grundausstattung.
Wer Griechen nach dem Weg fragt, muß wissen, daß sie den Fragenden immer auf die Asphaltstraße Richtung Ziel schicken. Man sollte darum unbedingt nach dem ›alten Pfad‹ fragen: ›Pu échi éna paljó monopáthi ja . . .?‹

Zeit

In Griechenland ist es ganzjährig eine Stunde später als in Mitteleuropa. Die Umstellungen zwischen Winter- und Sommerzeit erfolgen zu den gleichen Terminen wie bei uns.

Register

(Fettgedruckte Ziffern verweisen auf den Autoatlas, unterstrichene Ziffern auf Abbildungen)

Lieferbare Ausgaben

23 Odenwald und Spessart
25 Bergisches Land
27 Venedig und Venetien
32 Kopenhagen
33 Kärnten
35 Toskana – Florenz
36 Niederbayern – Hallertau
38 Bornholm
39 Tirol – Innsbruck
40 Flandern – Antwerpen, Brügge, Gent
41 Trier
44 Kraichgau und Nördlicher Schwarzwald
45 Jütland
46 Hohenloher Land
47 Vorarlberg
51 Osnabrücker Land
53 Tessin
54 Wien*
55 Mittlerer Schwarzwald
57 Emilia-Romagna – Vom Apennin zur Adriaküste
58 Holstein – Herzogtum Lauenburg
59 Provence
60 München*
61 Teneriffa, Gran Canaria, La Palma, Gomera, Hierro, Fuerteventura, Lanzarote
62 Luxemburg
63 Hessisches Bergland
64 Fichtelgebirge – Frankenwald, Coburger Land
65 Frankfurt
66 Steiermark – Graz
67 Côte d'Azur – Monaco
68 Dänische Inseln – Seeland, Fünen, Lolland, Langeland, Falster
69 Nord- und Ostsee – Nordfriesland, Schleswiger Land
70 Bodensee – Oberschwaben
71 Stuttgart und das Neckarland
72 Zentral- und Ostschweiz – Zürich, Luzern, St. Gallen
73 Hannover – Braunschweiger Land
74 Italienische Riviera – Genua
75 Altmühltal
76 Chiemgau – Berchtesgadener Land
77 Emsland – Grafschaft Bentheim
78 Sachsen
79 London
81 Kreta
82 Teutoburger Wald – Ostwestfalen
83 Costa del Sol – Andalusien
84 Oberbayern zwischen Lech und Inn
85 Korsika
86 Bayerischer Wald
88 Schwäbische Alb
89 Südtirol
90 Hunsrück – Naheland · Rheinhessen
91 Paris
92 Sizilien
93 Allgäu
94 Thüringen
95 Oberpfalz – Regensburg
96 Barcelona
97 Ostfriesland – Oldenburger Land
98 Westerwald – Taunus · Rheingau
99 Mecklenburg-Vorpommern
100 Salzburger Land – Salzburg
101 Lüneburger Heide
102 Die Loire
103 Köln
104 Rhodos – Dodekanes
105 Rom
106 Südnorwegen – Fjordland
107 Berlin
108 Bayerisch Schwaben – Augsburg · Nördlingen
109 Costa Brava – Katalonien
110 Sauerland
111 Brandenburg
112 Die Pfalz
113 Elsaß
114 Sachsen-Anhalt
115 Graubünden
116 Düsseldorf
117 Mallorca – Menorca · Ibiza · Formentera
118 Südschweden – Stockholm
119 Münsterland – Münster
120 Prag
121 Eifel – Aachen
122 Bretagne
123 Weserbergland
124 Südengland
125 Fränkische Schweiz
126 Gardasee – Trentino
127 Rhön
128 Malta
129 Harz
130 Algarve – Lissabon
131 Hamburg*
132 Normandie
133 Elbe und Weser – Nordseeküste
134 Madrid
135 Die Mosel
136 Sardinien
137 Mainfranken – Steigerwald · Haßberge
138 Budapest
139 Südschwarzwald
140 Griechische Inseln: Kykladen

* auch als englische Ausgabe erhältlich

In Vorbereitung

141 Thüringer Wald
142 Oberitalienische Seen – Lombardei · Mailand
143 Odenwald – Kraichgau · Bergstraße

Titel:
Windmühle bei Antiparos-Stadt

Impressum

Verlag:
HB Verlags- und Vertriebs-Gesellschaft mbH, Alsterufer 4, 20354 Hamburg, Postfach 300660, 20347 Hamburg, Telefon 040/4151-04, Telefax 040/4151-3231
Geschäftsführer: Kurt Bortz, Dr. Joachim Dreyer, Eike Schmidt

Redaktion und Produktion:
Harksheider Verlagsgesellschaft mbH, Fabersweg 1, 22848 Norderstedt, Postfach 5249, 22822 Norderstedt, Telefon 040/528862-0, Telefax 040/5234056
Redaktion:
Ulrike Klugmann (verantwortlich)
Ekkehard Briese
Jörg Gensel
Text und Bildrecherche:
Klaus Bötig, Bremen
Exklusiv-Fotografie:
Werner Fabig, Mönchengladbach
Zusätzliches Fotomaterial:
Klaus Bötig, Bremen (S. 75 u.)
Christian Dehnicke, Würzburg (S. 51 u., S. 92 u.)
Layout:
Rolf Bünermann, Gütersloh
Kartografie:
GeoData Geographische Datenbanken GmbH & Co. KG, Stuttgart
HB-Bildatlas Fotoservice:
Harksheider Verlagsgesellschaft mbH, Postfach 5249, 22822 Norderstedt, Telefon 528862-22, Telefax 040/5234056

Erscheinungsweise: monatlich

Anzeigenalleinverkauf:
KV Kommunalverlag GmbH, Postfach 810565, 81905 München, Telefon 089/928096-30, Telefax 089/928096-20, Teletex 17898397 komver
Vertrieb Zeitschriftenhandel:
Partner Pressevertrieb GmbH, Postfach 810420, 70521 Stuttgart, Telefon 0711/7252-210, Telefax 0711/7252-375
Vertrieb Abonnement und Einzelhefte:
Zenit Pressevertrieb GmbH, Postfach 810640, 70523 Stuttgart, Telefon 0711/7252-198, Telefax 0711/7252-390
Vertrieb Buchhandel:
GeoCenter Verlagsvertrieb GmbH, Neumarkter Straße 18, 81673 München, Telefon 089/431890, Telefax 089/4312837, Telex 523259

Satz:
Utesch Satztechnik GmbH, Hamburg
Reproduktionen:
Otterbach Repro GmbH & Co., Rastatt
Druck und buchbinderische Verarbeitung:
VOD Vereinigte Offsetdruckereien, Berner Straße 2, 97084 Würzburg
Printed in Germany
Gedruckt auf chlorfrei gebleichtem Papier

ISBN 3-616-06240-3

Zeichenerklärung Autoatlas

Wichtige Hauptstraße
Hauptstraße
Nebenstraße
Fahrweg (nur bedingt befahrbar)
Entfernungen an Straßen in km — 29 16 13
Schiffahrtslinie mit Autotransport
Boots- und Yachthafen - Ankerplatz
Flughafen - Flugplatz - Segelflugplatz
Wo gibt es was?-Hinweis
Besonders sehenswert (Ort, Bauwerk) — AKROTIRI
Sehenswerter Ort — MÍKONOS
Sehenswertes Bauwerk — Taxiarhó
Besondere Natursehenswürdigkeit — Kaldera
Sonstige Sehenswürdigkeit — Paleókastro
Landschaftlich schöne Strecke
Burg, Schloß f. Besucher zugängl. - Ruine
Sonstige Burgen, Schlösser - Ruine
Kloster - Klosterruine
Kirche - Kapelle
Funk- und Fernsehturm - Leuchtturm
Turm - Denkmal
Hotel - Motel - Jugendherberge
Campingplatz, ganzjährig - nur im Sommer
Strandbad - Schwimmbad
Heilbad - Aussichtspunkt
Naturpark, Naturschutzgebiet
Guter Badestrand
Wald
Sperrgebiet